Malick Chabi Goni

Nietzsche et la question de Dieu

Malick Chabi Goni

Nietzsche et la question de Dieu

Une analyse philosophique de Ainsi parlait Zarathoustra

Éditions Croix du Salut

Cover image: www.ingimage.com

Publisher:
Éditions Croix du Salut
is a trademark of
Dodo Books Indian Ocean Ltd. and OmniScriptum S.R.L Publishing group
Str. Armeneasca 28/1, office 1, Chisinau-2012, Republic of Moldova, Europe
Printed at: see last page
ISBN: 978-620-3-84480-1

Malick CHABI GONI

NIETZSCHE ET LA QUESTION DE DIEU

Une analyse philosophique de *Ainsi parlait Zarathoustra*

DÉDICACE

À tous les pèlerins de la nuit qui
espèrent voir la lumière.

REMERCIEMENTS

Merci à Maxime GUERA et à Dinka J. Aurore KLAH
dont l'amitié et la perspicacité ont su me motiver,
orienter ma réflexion et mes recherches.
Merci à tous ceux qui ont contribué à la rédaction de ce travail.

« Vous ne pouvez pas accomplir des changements fondamentaux sans une certaine dose de folie. Dans ce cas précis, cela vient de l'anticonformisme, du courage de tourner le dos aux vieilles formules, du courage d'inventer le futur. Il a fallu des fous pour que nous soyons capables d'agir avec une extrême clarté aujourd'hui. Je veux être un de ces fous. Nous devons inventer le futur ».

Thomas SANKARA.

INTRODUCTION GÉNÉRALE

La question de Dieu et celle de l'homme ont occupé une place prépondérante dans le déploiement de la démarche philosophique au fil des âges. Beaucoup de penseurs ont écrit et développé plusieurs théories sur ce sujet. Pour ce qui est de Dieu, l'épineuse question des origines a été soit de nier carrément son existence et son action dans le monde, soit d'essayer à tort ou à raison de prouver son existence. En ce qui concerne l'homme, à travers des siècles, par des idéologies et des postures philosophiques diverses, on a proposé des figures d'homme. Selon les époques, certaines ont séduit d'autres non. Dans le concert d'auteurs et d'œuvres ayant parlé de Dieu et de l'homme, sous quelque aspect que ce soit, F. Nietzsche est un penseur qui retient l'attention de tous. Ce qu'il développe sur Dieu sort de l'ordinaire et le type d'homme qu'il propose fait tache d'huile et ne cesse de générer différentes tendances à notre époque.

En effet, si l'humanité a supporté, avec ses implications désastreuses, l'idée de l'inexistence de Dieu, c'est avec peine qu'elle admet sa mort. Mais F. Nietzsche est bien le penseur, qui non seulement *affirme* la mort de Dieu, mais également prévoit de construire un avenir *sans Dieu*, où l'homme qu'il aura inventé survivra, plus épanoui et plus fort que jamais. Sa philosophie a provoqué un bouleversement à nul autre pareil.

Après la brillante époque du Moyen-Age où la conjugaison de la philosophie et de la théologie a accordé une place importante à la question de Dieu et ceci presque aux dépens de l'homme dans la pensée, la Renaissance a voulu se tourner vers l'homme pour remettre entre ses mains toute autorité et toute puissance. Tout fut alors centré sur l'homme et sur ses potentialités. Il redevint la mesure de toute chose selon la fameuse thèse de Protagoras. Cet ensemble de changement conduira à un processus qui va finir par vider la société de tout absolu. C'est alors que la question de Dieu fut de plus en plus évacuée de l'horizon de la vie humaine et l'athéisme qui se contenait difficilement, a pu éclater dans tous les sens. En conséquence, toute idée de transcendance et d'absolu fut ébranlée. De même, tout ce qui était considéré comme valeur commença à muer sous les coups de boutoir des nouvelles idéologies dites humanistes. La figure de Dieu comme référence du Bien et garant de la Morale s'est alors effondrée.

Au regard donc d'une telle société, où plus rien n'avait de sens, où les idéaux traditionnels avaient perdu leurs repères, Dieu semblait aussi avoir perdu sa place et l'homme, régner en maître. La tâche de F. Nietzsche fut de constater cette disparition de Dieu, en faire le deuil et passer à autre chose. Dieu étant mort, sont mortes avec lui toutes les idoles jadis fondées sur son existence et sa mort annonça l'aurore d'une nouvelle ère : celle qui voit venir le Surhomme, un type d'homme supérieur, libre d'esprit et de cœur capable de briser toutes les anciennes tables de lois et de construire de nouvelles règles plus immanentes et plus favorables à la Vie, par sa volonté de puissance.

L'analyse de notre société contemporaine actuelle donne de voir que cette volonté de saper les bases de tout absolu, d'accorder à l'homme son indépendance, d'instaurer le règne du relativisme, dans une société où plus rien n'est impossible, est de plus en plus manifeste.

La puissance que confèrent à l'homme la science et la technologie le pousse aujourd'hui à franchir les limites de l'infranchissable et à s'autoproclamer maître et possesseur de la nature. Eu égard à ce phénomène de notre société contemporaine, on est tenté de se demander si F. Nietzsche n'aurait pas été prophète de ce temps. Dieu serait-il donc vraiment mort et quelles peuvent être les causes de son décès en plein cœur de ces trois derniers siècles ? Et le Surhomme, le type d'homme qu'est appelé à devenir tout homme selon F. Nietzsche, n'est-il pas l'image de l'homme d'aujourd'hui, qui veut créer une version supérieure de lui-même, qui entend tout conquérir et tout dominer, qui désire tout remettre en cause et tout refonder, survivra-t-il sans aucune référence au transcendant ? En face d'une telle société qui semble relativiser les valeurs traditionnelles au profit de nouvelles valeurs, quelles perspectives philosophiques, morales, éthiques et religieuses pour l'homme de notre temps ?

CHAPITRE 1 : F. NIETZSCHE ET SON ŒUVRE : UN ITINÉRAIRE ATYPIQUE

Le contexte général de l'élaboration de la pensée de F. Nietzsche et les sources qui ont inspiré sa philosophie sont particulièrement les facteurs importants qui permettent de mieux s'introduire dans son univers, de mieux comprendre son style peu ordinaire et de réussir à appréhender les idées qu'ils développent. Avant de nous consacrer à l'analyse de sa pensée à partir de A*insi parlait Zarathoustra*, il convient de faire la lumière sur les prérequis de sa démarche philosophique. Il s'agit entre autres du contexte qui a précédé la parution de l'ouvrage et la tendance globale dans laquelle émergera son auteur. Nous présenterons ensuite trois éléments fondamentaux qui permettront à tout lecteur de mieux aborder l'œuvre combien hermétique de l'auteur. Ce sont le paradoxe du genre littéraire qu'emploie F. Nietzsche, la situation de l'ouvrage en étude dans l'ensemble des œuvres de l'auteur et l'intérêt du choix du personnage de Zarathoustra. La dernière étape de ce premier chapitre consistera à relever l'influence de quelques auteurs sur la pensée de F. Nietzsche.

1.1. CONTEXTE DE PARUTION DE L'ŒUVRE

L'effervescence des Lumières reste un événement important qui a précédé la naissance de F. Nietzsche. Aussi, ce mouvement philosophique et littéraire n'est-il pas resté sans influence sur le domaine théologico-religieux et moral qui a vu naître *Ainsi parlait Zarathoustra.* Ces deux points permettent de comprendre en troisième lieu F. Nietzsche non seulement comme un philosophe singulier, mais encore comme un penseur qui développe un système philosophique qui sort complètement du cadre classique de l'élaboration de la pensée réflexive.

1.1.1 L'effervescence des Lumières

L'histoire de la philosophie a connu différentes périodes et différents courants de pensée. Relevons directement l'Antiquité, le Moyen-Age, l'époque Moderne et l'époque Contemporaine dont on parlera plus loin. Si l'Antiquité est marquée par certaines grandes figures de la philosophie telles que Socrate, Platon et Aristote, elle a connu aussi l'existence de divers courants au nombre desquelles nous avons le stoïcisme, l'épicurisme et le scepticisme. Mais il y a encore vers la fin de cette période le Néoplatonisme et l'apparition de la philosophie chrétienne. Cette dernière ouvrira l'ère du Moyen-Age. C'est une autre grande période au cours de laquelle la pensée philosophique s'est largement confondue à la théologie. Pour Étienne Gilson d'ailleurs, « l'esprit de la philosophie médiévale tel qu'on l'entend, c'est l'esprit chrétien, pénétrant la tradition grecque, la travaillant du dedans et lui faisant produire une vue du monde [...] spécifiquement chrétienne »[1]. On assiste donc principalement à l'expansion de la philosophie chrétienne, mais aussi musulmane et juive. Il est en outre important de relever qu'au cours de cette période, la révélation chrétienne était considérée comme le point de référence de toute pensée et de toute action. Ainsi, la religion, si elle n'exerçait pas une puissance écrasante sur tout, avait tout au moins une influence non négligeable. La Renaissance que nous classons dans l'époque Moderne tentera de ramener l'homme au centre des réflexions, mais c'est surtout le XVIIIe siècle encore appelé « siècle des Lumières » qui réussira ce coup de force.

C'est donc ce siècle de l'époque Moderne qui a précédé F. Nietzsche. En conséquence, les tendances auxquelles il a donné naissance ont considérablement impacté l'époque qui lui a succédé. De fait, il faut relever qu'avant les Lumières, l'emprise de la religion recouvrait les domaines de la vie humaine et exerçait presque un diktat sur la pensée rationnelle. Le but fondamental des penseurs de cette période était donc d'« éclairer » l'esprit des hommes, en se servant des lumières naturelles de la raison, pour les libérer des ténèbres de l'ignorance, de la superstition et de l'obscurantisme grâce à la connaissance et à la science[2]. Ainsi, l'attitude des penseurs des Lumières se caractérise en général par une rupture vis-à-vis du passé, de la religion et une confiance illimitée dans la force libératrice de la raison. On y relève également une analyse critique des lois, une critique des mœurs et des institutions. Mais par-delà tout, on y remarque surtout un acharnement contre la religion considérée comme la plus puissante et la plus omniprésente des illusions[3].

La volonté de l'homme de s'arracher à toute autorité était de plus en plus manifeste. Et dans tous les domaines, on a vu se développer l'esprit de liberté et l'indépendance de l'entendement humain qui ne devait plus s'incliner que devant le témoignage de ses propres évidences[4]. Le siècle des Lumières devient comme « la sortie de l'homme de sa minorité »[5]. Le mot d'ordre viendra de Kant : « *Sapere Aude !* Aie le courage de te servir de ton propre entendement ! Voilà la devise des Lumières »[6]. Aussi, la métaphysique sera-t-elle progressivement abandonnée au profit des sciences empiriques et positives et une méfiance se développera par rapport aux dogmes religieux et à l'argument d'autorité. J. Russ décrit assez bien ce phénomène lorsqu'elle affirme que « l'*Aufklärung* coupe les amarres avec la foi, et les Lumières montent à l'assaut de la Révélation, mettant en péril aussi bien le Dieu des catholiques que celui de Calvin »[7].

---

1 E. GILSON, L'Esprit de la philosophie médiévale, Paris, Vrin, 1989, pp. 384-402.
2 Cf. d'ALEMBERT, « Les Lumières », in *Encyclopédie de la philosophie*, p. 988-992.
3 Cf. d'ALEMBERT, « Les Lumières », in *Encyclopédie de la philosophie*, p. 988-992.
4 Cf. G. GUSDORF, « Philosophie des Lumières », in *Encyclopaedia Universalis*, Vol. 16, p. 158.
5 E. KANT, *Qu'est-ce que les Lumières ?,* in *Philosophie de l'histoire*, Aubier, Paris 1996.
6 *Ibidem.*
7 J. RUSS, *Philosophie. Les auteurs et les œuvres*, Bordas, Paris 2003, p. 189.

Le XVIIIe siècle s'achève approximativement avec Hegel. Et le siècle qui lui succède est celui des posts hégéliens, dont la plupart optent pour une philosophie critique, dans le but de dépasser sa pensée. Ce sera le XIXe siècle avec des figures de philosophes tels que L. Feuerbach et K. Marx auxquels s'ajoute F. Nietzsche, qui ont connu un contexte non moins particulier que le siècle qui les a précédés. Et c'est aussi le cadre philosophique, théologico-religieux et moral qui a vu naître *Ainsi parlait Zarathoustra.*

1.1.2 Le cadre philosophique, théologico-religieux et moral

Le siècle des Lumières a largement influencé l'époque qui lui a succédé par ses idées de refus d'absolutisme. Et c'est au cours de cette époque que viendra au jour la pensée de F. Nietzsche. Mais pour mieux le comprendre, il convient d'évoquer les grandes questions auxquelles, dans ses thèses, il donne réponse sans les poser ouvertement. Elles touchaient plusieurs domaines parmi lesquels le domaine philosophique, théologico-religieux et moral.

Au plan philosophique, le XIXe siècle est celui qui voit l'effondrement du système hégélien et avec lui, la disparition de la philosophie sous sa forme idéaliste. Et on peut relever que : « [...] la philosophie devenait néo-kantienne, puis nietzschéenne ou marxiste, ou encore logique »[8]. Et nombreux sont les contemporains de F. Nietzsche qui pensent qu'elle doit simplement disparaître, car le progrès de la science la rend inutile, voire nuisible. Au plan théologico-religieux, on relève l'émergence de mouvements de déconstruction de toute théologie et de toute religion, surtout du christianisme. Ainsi, l'athéisme qui se contenait difficilement après les Lumières se propage notamment, chez les scientifiques et les intellectuels. Certains hégéliens de gauche tels que Feuerbach, Marx et Engels pour ne citer que ceux-là favoriseront considérablement cette montée de l'athéisme. Avec lui, se propage également le rejet de la métaphysique et la méfiance par rapport à tous les absolus, y compris la morale qui connaissait une menace destructrice.

Sans le dire, F. Nietzsche entend apporter des réponses à toutes ces questions. Son œuvre est essentiellement une généalogie critique de la culture occidentale moderne et l'ensemble de ses valeurs. Son but est de saper les valeurs traditionnelles et d'en instituer de nouvelles, consacrant l'avènement du Surhomme par *Ainsi parlait Zarathoustra*, une œuvre qui fait de son auteur un penseur singulier.

1.1.3 F. Nietzsche, philosophe de l'exception

On sait de F. Nietzsche qu'il est né le 15 octobre 1844 d'une lignée de pasteurs. Il fait ensuite de brillantes études au collège de Pforta puis à l'Université de Bonn. Simultanément, il entreprend des études théologiques et philologiques, mais opte pour à la philologie en s'installant aux côtés de F. Ritschl son professeur. C'est là qu'il découvre A. Schopenhauer en 1865. Cette rencontre déclenche son intérêt pour la philosophie à laquelle il se donnera désormais. Nommé à la chaire de langue et de littérature grecque à l'Université de Bâle, Nietzsche sera obligé de se retirer à cause de la maladie, ouvrant ainsi une autre phase de sa vie ponctuée par la maladie, la solitude, l'errance et l'écriture. Cette époque de la vie de

---

8 Cf. J. KINNOUME, *Cours d'introduction à la lecture de Nietzsche*, Inédit, Octobre 2019.

l'auteur, rythmée par la maladie fut paradoxalement fructueuse en écrits et constitue une clé pour entrer dans sa pensée. Il meurt le 25 août 1900 après onze années de mutisme et de souffrance laissant derrière lui, une œuvre abondante.

De fait, il est impossible d'ignorer complètement que l'œuvre de F. Nietzsche s'éclaire à la lumière de sa vie. Lui-même le dit en ces termes quand il affirme : « j'ai toujours mis dans mes écrits toute ma vie et ma personne »[9]. Et il est aussi remarquable de voir comment la maladie devient pour lui, jusque dans ses pires tourments, une école de pensée. J. Granier ira plus loin en relevant au sujet de F. Nietzsche que la maladie était pour lui « le stimulant principal de la connaissance, l'auxiliaire de la réflexion [...] »[10]. Ceci vient montrer une fois de plus et sans exagérer que « fondamentalement, la vie de F. Nietzsche est exception »[11]. Cette exception n'est pas anodine. C'est en effet la manière dont se développe toute sa philosophie. Une pensée non systématique qui sort des sentiers battus et qui a donné naissance à une œuvre poétique, mais hautement philosophique. L'ouvrage en question qui retient notre attention est un livre différent des autres. Son titre est d'ailleurs très parlant ***Ainsi parlait Zarathoustra, « Un livre pour tous et pour personne »***. Cet ouvrage est aussi élément d'un ensemble qu'il faut aborder avec attention, patience et endurance.

1.2. COMMENT ABORDER L'ŒUVRE

En considérant la singularité de l'auteur et la particularité de l'ouvrage, il est important de relever quelques précisions qui favoriseront une meilleure compréhension des thématiques dont nous traiterons plus tard. On ne peut passer sous silence la forme sous laquelle se présentent les œuvres de F. Nietzsche en général et *Ainsi parlait Zarathoustra* en particulier. De même, la place qu'occupe cet ouvrage dans l'ensemble des œuvres de F. Nietzsche constitue une clé de voûte pour le comprendre. Nous nous intéresserons enfin aux motivations du philosophe sur le choix du personnage de Zarathoustra.

1.2.1 Le paradoxe du genre littéraire

La philosophie depuis ses origines s'est présentée comme une discipline organisée, systématique et cohérente. Elle s'est enseignée comme telle et même quand il fallait en vivre, elle n'a pas échappé à la rigueur de la cohérence, de l'ordre et de la logique. Ainsi on pouvait parler de la philosophie de tel auteur ou de tel autre et l'on pouvait en présenter la doctrine précise et les déductions qui en découlaient. Pour F. Nietzsche, il n'en est pas ainsi. « Des traités, un grand nombre de fragments, de lettres, de poésies, le tout, soit sous une forme littéraire achevée, soit sous forme d'œuvres posthumes puissantes [...], tel est l'aspect sous lequel se présente la pensée de F. Nietzsche »[12]. Il use en particulier de l'aphorisme, de la métaphore et des images simples, pour exprimer de profondes pensées, courtes et précises. Sa

9 F. NIETZSCHE, cité par R. VERNAUX, *Histoire de la philosophie contemporaine*, Beauchesne, Paris 1960, p. 43.
10 J. GRANIER, *Nietzsche,* Puf, Paris 1982, p. 21.
11 K. JASPERS, *Nietzsche, introduction à sa philosophie,* Gallimard, Paris 1950, p. 46.
12 *Ibidem*, p. 11.

philosophie, loin d'être un ensemble intellectuel logique, échappe plutôt à toute systématisation.

On relève donc à l'entame des œuvres de F. Nietzsche, un genre littéraire peu ordinaire dans le domaine philosophique. Il donne à l'ensemble de ses œuvres une allure de recueil de sentences ou de textes poétiques relevant du domaine de la littérature. On serait alors tenté de se laisser séduire par la beauté littéraire de ses écrits, par le charme des images qu'il y présente, sans pour autant faire attention à la portée philosophique de ces textes. *Ainsi parlait Zarathoustra* ne fait pas exception à ce genre de présentation. On le voit sous un style poétique accessible à tous peut-être, mais dont le message n'apparaît pas à première vue. C'est un véritable récit lyrique avec beaucoup de contours énigmatiques. Il se compose de discours, de paraboles, de poésies et de chants. C'est au terme, un écrit dont on peut dire qu'il est à la fois un long texte poétique et en même temps une réflexion philosophique sur une promesse d'avenir pour l'homme[13]. Cette réflexion philosophique s'inscrit toutefois dans un ensemble harmonieux indissociable qu'il faut considérer pour saisir le fond de ce que donne à connaître la pensée fragmentaire du philosophe de Sils-Maria.

1.2.2 Une œuvre à la suite de *Gai Savoir*

Si *Ainsi parlait Zarathoustra* (1883-1885) est un livre à part, considéré comme le péristyle de la philosophie de F. Nietzsche, il convient également de le placer dans la fresque des œuvres philosophiques de l'auteur, où il vient juste après *Gai Savoir* et précède *Par-delà bien et mal.* C'est en réalité, parmi les œuvres philosophiques de F. Nietzsche, un trio d'ouvrages indépendants les uns des autres, mais complémentaires et liés.

En amont *Ainsi parlait Zarathoustra* est précédé de, *Gai Savoir*, publié en 1882. Ce dernier est considéré comme une introduction à *Ainsi parlait Zarathoustra.* Il y traite pour la première fois, de la mort de Dieu et de la doctrine de l'éternel retour, qui sont des thèmes importants de sa philosophie et qui ressortiront plus tard dans *Ainsi parlait Zarathoustra.* En aval, il est succédé de *Par-delà bien et mal,* publié en 1886. S'inscrivant dans son prolongement direct, *Par-delà bien et mal* se présente comme un commentaire de *Ainsi parlait Zarathoustra.*

Ce rapport entre ces trois ouvrages consécutifs de F. Nietzsche nous permet par ailleurs de relever que *Ainsi parlait Zarathoustra* occupe une place de choix dans les œuvres philosophiques du penseur. Lui-même le confirme en ces termes dans la Préface de *Ecce Homo* (1908), un autre de ces ouvrages :

> « Parmi mes œuvres, mon Zarathoustra occupe une place bien à part. Il constitue le plus grand cadeau qu'on ait fait à l'humanité jusqu'à présent. Ce livre dont la voix passe par-dessus des millénaires, n'est pas seulement le livre le plus haut qui soit [...], c'est aussi le livre le plus profond, issu du fonds le plus secret de la vérité, un puits inépuisable dans lequel aucun seau ne descend sans remonter rempli d'or et de bonté. Celui qui y parle n'est pas un "prophète", un de ces lugubres mixtes de maladie et de volonté de puissance qu'on appelle fondateur de religion. [...]. Celui qui parle ici n'est pas un fanatique, ici on ne "prêche" pas, on n'exige pas la foi : d'une infinie plénitude et d'un abîme de bonheur, les mots s'écoulent goutte après goutte, parole après parole, le

13 Cf. J. KINNOUME, *Cours d'introduction à la lecture de Nietzsche*, Inédit, Octobre 2019.

tempo de ces discours est une tendre lenteur. Seuls les élus d'entre les élus y accèdent ; en l'occurrence, c'est un privilège sans pareil que d'être auditeur [...]. En l'offrant à l'humanité, je lui ai fait le plus grand cadeau qu'elle ait jamais reçu [...] »[14].

Mais il convient aussi de nous interroger sur le choix du personnage de Zarathoustra. Serait-ce par pur hasard que l'auteur du « cinquième évangile » a choisi de faire de Zarathoustra le personnage principal de son ouvrage ?

1.2.3 Pourquoi « Zarathoustra » ?

Prophète fondateur du zoroastrisme ayant vécu entre VIIe et VIe siècles avant J.-C., Zarathoustra ou Zoroastre est aussi un grand réformateur. Il serait l'initiateur d'un certain dualisme, moral qui opposerait le Bien et le Mal. F. Nietzsche fait de lui un personnage dramatique et critique dans son œuvre. Parmi les raisons qui l'ont motivé, relevons-en trois. Notons avant tout que F. Nietzsche reconnaît en Zarathoustra un prophète réformateur ayant œuvré à la transvaluation des valeurs religieuses de son époque. Ensuite, comme Zarathoustra a été l'initiateur historique du dualisme moral opposant le bien et le mal, F. Nietzsche fait recours à lui pour abolir ce même dualisme qu'il trouve caduc. Ainsi, symboliquement, Zarathoustra serait revenu détruire lui-même sa propre doctrine. C'est ce que laisse entendre F. Nietzsche quand il raisonne comme suit :

> On ne m'a pas demandé, on aurait dû me demander ce que signifie précisément dans ma bouche, celle du premier immoraliste, le nom de Zarathoustra [...]. Zarathoustra a été le premier, à avoir vu dans le combat du Bien et du Mal le vrai rouage moteur des choses, la traduction de la morale en langage métaphysique, comme force, cause, fin en soi, est son œuvre à lui [...]. C'est Zarathoustra qui a créé la plus fatale des erreurs, la morale : par conséquent, il doit aussi être le premier à reconnaître cette erreur[15].

Mais enfin, c'est aussi parce que F. Nietzsche reconnaît en Zarathoustra le prophète le plus véridique, le plus réaliste et le plus audacieux. Il le dit en ces mots :

> [...] plus important, Zarathoustra est plus véridique qu'aucun autre penseur. Sa doctrine, et elle seule, comporte la véracité comme vertu suprême [...], Zarathoustra a plus d'audace innée que tous les penseurs pris ensemble. Dire la vérité et bien décocher ses traits c'est la vertu persane. [...] L'autodépassement de la morale par la véracité [...], voilà ce que signifie dans ma bouche le nom de Zarathoustra[16].

Au terme, on peut relever que certaines qualités que F. Nietzsche admirait dans la personne du prophète iranien et qui rejoignaient ses convictions et sa philosophie ont été à la base de son choix. Pour évoluer dans la découverte et la compréhension de sa philosophie, il convient aussi de jeter un regard sur les penseurs qui l'ont influencé et qui ont contribué d'une manière ou d'une autre à l'élaboration de sa doctrine.

---

14 F. NIETZSCHE, *Ecce homo,* in Œuvres, Flammarion, Paris 1992, p. 1205-1206.
15 F. NIETZSCHE, *Ecce homo,* in Œuvres, Flammarion, Paris 1992, p. 1291.
16 F. NIETZSCHE, Ecce homo, *in Œuvres*, Flammarion, Paris 1992, p. 1291.

1.3. L'INFLUENCE DE QUELQUES AUTEURS SUR LA PENSÉE DE F. NIETZSCHE

Dans son parcours, F. Nietzsche a fait la rencontre de certains philosophes, de leurs pensées et n'en est pas resté indifférent. La philosophie de ces penseurs l'a marqué et à certains égards, l'a aidé à mieux définir sa démarche philosophique à lui, et à mieux la peaufiner. Parmi ces penseurs, il faut en considérer trois qui ne sont pas des moindres.

1.3.1 Blaise Pascal : l'aphorisme et la théorie du nihilisme

De toutes les influences que F. Nietzsche a rencontrées dans l'élaboration de sa pensée, celle de B. Pascal fait partie des plus remarquables. C'est dans l'une de ces correspondances qu'on retrouve l'épisode de cette rencontre. : « [Pascal pour qui] j'ai presque de la tendresse parce qu'il m'a infiniment instruit »[17] dira-t-il. Cette instruction qui l'a non seulement modelé, mais aussi qui a participé à l'éclosion de sa pensée pourrait se cristalliser en plusieurs points. Relevons-en trois.

Le premier point se trouve au niveau même du style d'écriture : l'aphorisme. B. Pascal se sert d'aphorismes pour transmettre sa pensée et se refuse à toute systématisation. F. Nietzsche adoptera le même style d'écriture dans ses œuvres. « Vous figurez-vous donc avoir affaire à une œuvre fragmentaire parce qu'on vous la présente (et ne peut vous la présenter) en fragments ? »[18], demandera-t-il à ses potentiels détracteurs. La réponse leur est donnée en ces termes, « les livres les plus profonds et les plus inépuisables auront sans doute toujours quelque chose du caractère aphoristique et soudain des *Pensées* de Pascal »[19]. Il partira de là, pour justifier sa méthode de l'aphorisme, de l'emploi des figures et de la métaphore dans ses écrits.

L'écriture aphoristique devient donc pour ces deux penseurs, « la seule façon d'approcher les infinités de l'univers sans lui imposer un ordre qui n'est pas le sien »[20]. C'est aussi dans ce sens que B. Grasset pense que Nietzsche et Pascal sont deux philosophes singuliers, qui occupent une place à part dans l'histoire de la philosophie. Il ne manque pas en outre de relever que ces deux penseurs sont adeptes de l'écriture fragmentaire, au style volontiers poétique[21]. Ainsi, dans l'œuvre de Pascal comme dans celle de Nietzsche, l'aphorisme demeure donc la torche qui éclaire les ténèbres jamais sondées sans pour autant les épuiser. Mais F. Nietzsche ne se laisse pas seulement séduire par la forme des textes pascaliens, il partage aussi les mêmes points de vue sur la corruption de la raison et la vanité de la science.

Ainsi, le deuxième point que Nietzsche partagera avec Pascal réside sur le constat de la vanité de la science. En effet, ils partent de la faiblesse de la raison pour aboutir à l'inutilité de la science dans son but de conduire l'homme au bonheur et de lui révéler le réel dans sa

17 Cf. F. NIETZSCHE, Correspondance III, *in ANDLER*, *Nietzsche, sa vie et sa pensée*, Bossard, Paris 1920.

18 F. NIETZSCHE, *Humain trop humain II,* § 128, Nietzsche, *Fragments posthumes* (1887), 9 [82], *Sämtliche Werke. Kritische Studienausgabe,* hrsg. von G. Colli und M. Montinari, De Gruyter, München-Berlin-New York, 1980 (désormais abrégé KSA), t. 2, p. 432.

19 (1885), 35 [31], KSA 11, p. 522.

20 J. VIOULAC, « Nietzsche et Pascal. Le crépuscule nihiliste et la question du divin », in *Les Études philosophiques,* n° 96 (2011), p. 24.

21 B. GRASSET, Nietzsche et Pascal, éditions Ovadia, 2020, quatrième de couverture.

totalité. À ce sujet, on retiendra en premier lieu que l'une des thèses fondamentales de Nietzsche est justement de relever la finitude de la raison et son incapacité fondamentale à totaliser l'infini dans l'élément du concept. On s'en aperçoit très vite lorsqu'il laissera entendre dans ses Fragments Posthumes que « la raison, même au sens le plus large, est l'exception : le chaos, la nécessité et le tohu-bohu des étoiles, voilà qui est la règle »[22]. Ainsi, il en résulte « un concept rigoureux et circonspect de la connaissance : *on ne peut pas connaître du tout* »[23]. Nietzsche découvre cette même thèse dans les *Pensées* où Pascal relevait l'« impuissance [de l'homme] à connaître les choses » (L. 199) ainsi que son incapacité à raisonner. De fait, « il se peut faire qu'il y ait de vraies démonstrations, mais cela n'est pas certain » (L. 521). Cette remise en cause pascalienne de la raison sera étayée par Nietzsche qui ira jusqu'à contester la démarche cartésienne par le rejet radical de la certitude du *cogito*[24]. Nietzsche reconnaît ainsi dans l'auteur des *Pensées,* un intellectuel intègre qui n'a pas manqué de dénoncer la prétention de l'homme à connaître l'univers, une réalité qui le dépasse infiniment.

De cette présomption de la raison découlent aussi l'inutilité et l'impuissance de la science à faire connaître le réel. Bien plus, elle est source d'illusion. En effet, elle ne cesse de faire croire à l'homme qu'elle lui apporte un sentiment de sécurité alors qu'en réalité, elle ne fait que lui révéler une vérité effroyable. Ce qu'il prétend savoir n'est qu'une goutte infirme en face de ce qu'il ignore. C'est à ce sujet que le philosophe au marteau affirme que la science est un tranquillisant : celui que le « médecin » Socrate prescrivit à ses « malades »[25]. Car à la vérité, s'il faut employer le langage pascalien, la science n'est rien d'autre qu'un divertissement, une activité qui détourne l'homme de la réflexion et de l'essentiel, une échappatoire. Nietzsche reprendra cette même idée lorsqu'il fait le portrait du savant. Selon lui, celui-ci

> « est entouré, lui qui n'a reçu que quelques heures de vie, des gouffres les plus horribles, chaque pas devrait lui rappeler : à quoi bon ? Où vas-tu ? D'où viens-tu ? Mais son âme s'enflamme à compter les étamines d'une fleur ou à briser les cailloux du chemin, et il investit dans cette tâche tout son intérêt, tout son plaisir, toute sa force, tout son désir. [...] Ainsi Pascal estime que les hommes ne sont aussi assidus à leurs affaires ou à leurs études que pour échapper aux questions essentielles qui les assailliraient dans la solitude ou dans le véritable loisir : à quoi bon ? Où vas-tu ? D'où viens-tu ? »[26].

Au demeurant, pour ces deux penseurs, la science n'est pas aussi utile qu'on pourrait le supposer. L'auteur des Pensées exprime plus éloquemment sa désolation en face de ce constat combien intrigant ! Un extrait d'une de ces correspondances en témoigne. Il disait en effet en s'adressant à Fermat : « car pour vous parler franchement de la géométrie, je la trouve le plus haut exercice de l'esprit, mais en même temps je la connais pour si inutile que je fais peu de différence entre un homme qui n'est que géomètre et un habile artisan. Aussi, je l'appelle le plus beau métier du monde ; mais enfin, ce n'est qu'un métier »[27]. On peut donc

22 (1882-1883), 4 [5], *KSA* 10, p. 110.
23 (1885-1886), 2 [140], p. 138, *KSA* 12, p. 136.
24 Cf. F. NIETZSCHE, Par-delà bien et mal, § 16, § 17 et § 191,
25 F. NIETZSCHE, *Crépuscule des idoles*, « Le problème de Socrate », § 10 et § 11, *KSA* 6, p. 72
26 F. NIETZSCHE, *Première considération intempestive*, § 8, *KSA* 1, p. 203
27 B. Pascal, *OC*, 282.

remarquer que Pascal ne fait pas que reconnaître l'inutilité de la science, mais il y ajoute la vanité qui résulte de cette science si prétentieuse.

À côté de la science, c'est aussi plus loin, tout le système métaphysique qui est indexé et déconstruit. Il dira notamment à ce sujet « quand un homme serait persuadé que les proportions des nombres sont des vérités immatérielles, éternelles et dépendantes d'une première vérité en qui elles subsistent et qu'on appelle Dieu, je ne le trouverais pas beaucoup avancé pour son salut » (L. 449). Or, la fondation du système rationnel sur une vérité fondamentale et initiale désignée par Dieu est la base même de la métaphysique telle qu'initiée par Platon. En d'autres termes, c'est tout le système de la métaphysique qui est ici remis en cause par Pascal. Plus loin, la philosophie n'échappe pas à cette critique acerbe. Cette démarche déconstruit aussi l'idée selon laquelle la philosophie conduit au bonheur par le savoir qu'elle apporte. Nietzsche étaie cette position dans le *Crépuscule des Idoles,* quand il trouve que « toute la philosophie née de cette équation socratique : raison = vertu = bonheur, est la plus bizarre des équations possibles »[28]. Et comme pour montrer aussi l'inutilité de la philosophie Pascal ne manque pas de s'interroger « les philosophes [...] ont-ils trouvé le remède à nos maux ? » (L. 149). Bien au contraire, la science révèle davantage à l'homme sa finitude en face de l'étendue infinie de choses à savoir. En ce sens, on est forcé d'aboutir à la conclusion selon laquelle la seule vérité qu'enseigne la science est de révéler le « néant de notre être » (L. 806). Cette observation pascalienne conduit à une évidence que relève J. Vioulac à affirmer que l'homme est néant, un néant qui n'est plus contraire de l'être, mais qui constitue un mode d'être, celui de la finitude, de la misère et de l'ennui[29]. Pour Nietzsche d'ailleurs le nihilisme vient aussi quelque part de ce progrès de la Science. Il le dit éloquemment lorsqu'il parle de Copernic dans la *Généalogie de la morale* :

> « Le rapetissement de l'homme par lui-même, sa volonté de se rapetisser ne sont-ils pas irrésistiblement en progrès depuis Copernic ? Hélas c'en est fini de la croyance en sa dignité, en sa singularité, en son caractère irremplaçable dans l'échelle des êtres — il est devenu une *bête*, une bête au sens propre, sans réticence ni réserve, lui qui dans sa croyance ancienne était quasiment Dieu ("enfant de Dieu", "Dieu fait homme")... Depuis Copernic, l'homme semble sur la mauvaise pente — il roule désormais de plus en plus vite loin du centre — jusqu'où ? Jusqu'au néant ? Jusqu'au sentiment *taraudant* de son néant ? [...]*Toute* science (et pas seulement l'astronomie, au sujet de l'effet décourageant de laquelle Kant a fait un aveu remarquable : "elle anéantit mon importance"...), toute science [...] vise actuellement à dissuader l'homme du respect qu'il se portait jusque-là, comme si ce respect n'avait été qu'une présomption saugrenue »[30].

En somme, le philosophe au marteau voit en Pascal non seulement un penseur exceptionnel, mais encore un penseur conséquent. Cette démarche qui l'amène à conclure sur l'inutilité de la science et à en faire la cause de la décrépitude de l'homme est une démarche qui l'élève plus haut dans le panthéon des penseurs qui ont impacté Nietzsche. Le dernier

28 F. NIETZSCHE, *Crépuscule des idoles*, « Le problème de Socrate », § 4,

29 Cf. J. VIOULAC, (citer l'article et la note de bas de page)

30 F. NIETZSCHE, *Généalogie de la morale*, IIIe dissertation, § 25.

point qu'ils partagent et qui fait aussi leur différence se situera au niveau de la théorie du nihilisme.

Pour le philosophe de Sils-Maria, Pascal est le premier penseur du nihilisme et le seul. Il se retrouve parfaitement dans le sens que Pascal donne au concept de néant ; lequel sens sera aussi le sien dans l'élaboration de sa théorie du nihilisme. La science et par extension, la philosophie loin de donner à l'homme le pouvoir par la connaissance du réel, le plonge dans un anéantissement sans précédent. Pascal détruit aussi la rationalité dont le fondement se trouve dans la métaphysique. Il le dira plus explicitement dans les *Pensées* lorsqu'il écrit : « cette belle raison corrompue a tout corrompu » (L. 60). Le but ultime de son œuvre était d'ailleurs de chercher à restaurer cette raison déchue et lui redonner sa dignité première. Ce plan de bataille est aussi celui de Nietzsche qui veut dépasser la métaphysique par la voie d'une « raison *rétablie* »[31]. Pour Pascal, la raison se trouve rétablie sitôt que l'homme se tourne vers Dieu. « Ce n'est point par les superbes agitations de notre raison, mais par la simple soumission de la raison » (L. 131) que l'homme parvient au salut. Ce qui dépasse la raison et par ricochet l'illumine et l'élève, c'est sa soumission à Dieu. Ainsi, le dépassement pascalien de la métaphysique se fait par le Christianisme.

Si Pascal a été le premier qui soit allé bien loin dans la théorie du nihilisme, Nietzsche lui reproche toutefois d'être tombé dans une le piège d'une erreur. Celle de vouloir soigner le nihilisme par le christianisme. Ce dernier [le christianisme], pour l'auteur de *Ainsi parlait Zarathoustra* n'est rien d'autre qu'un platonisme populaire, une métaphysique pour les masses. Il en résulte donc que le christianisme loin d'être un remède au nihilisme en est plutôt une autre forme. Ainsi, si Pascal a le mérite d'avoir dépassé l'ontologie pour la théologie, il reste néanmoins esclave de l'ontothéologie. En d'autres termes, Pascal ne fait que tourner dans un même système. C'est enfin là, le point de discorde de ces deux auteurs qui semblaient s'être trouvés. Nietzsche expliquera justement que le christianisme a perverti la raison de l'un des grands penseurs à qui il reste éternellement reconnaissant. Il accuse donc l'Église d'avoir été à la base de la perversion de Pascal, qui croyait à la perversion de sa raison par le péché originel. Ce qui l'avait pervertie n'était rien d'autre que son christianisme[32]. Il le montre plus loin en soutenant que « la foi de Pascal ressemble de manière terrifiante à un continuel suicide de la raison »[33] : il voulait réaliser l'autodépassement de la raison, il n'a réussi que son autodestruction. Ainsi, Pascal n'est plus ni moins qu'une énième victime du christianisme. « Si non seulement je lis, mais j'*aime* Pascal, voyant en lui la victime la plus instructive du christianisme »[34].

C'est sur ce dernier point que Nietzsche se sépare de son ami et prédécesseur Pascal. Il ne conçoit pas que celui-ci ait voulu dépasser le nihilisme métaphysique en le remplaçant par le nihilisme chrétien. S'il faut dépasser la métaphysique, il faut bien réaliser ce dépassement en prônant, comme nous le verrons plus tard, l'immanentisme de la vérité. Par ailleurs, Nietzsche voit aussi en Spinoza un précurseur.

31 F. NIETZSCHE, *Crépuscule des idoles*, « Les quatre grandes erreurs », § 2.
32 F. NIETZSCHE, *L'Antéchrist*, § 5, *KSA* 6, p. 171.
33 F. NIETZSCHE, *Par-delà bien et mal*, § 46, *KSA* 5, p. 66.
34 F. NIETZSCHE, *Ecce Homo*, « Pourquoi je suis si avisé », § 3, *KSA* 6, p. 285.

1.3.2 Baruch de Spinoza, l'éclair du précurseur

La rencontre de F. Nietzsche avec B. Spinoza pourrait se situer au mois de juillet 1881[35]. S'il y a bien des moments où dans la pensée un philosophe retrouve son *alter ego* au point de s'en émerveiller, la rencontre de F. Nietzsche avec B. Spinoza est l'un de ces moments-là. La découverte de ce penseur né à Amsterdam réjouis Nietzsche à une enseigne telle qu'il exclame dans une correspondance à Overbeck « Quel étonnement ! Quel ravissement ! J'ai un précurseur [...] »[36]. De fait, Nietzsche retrouve en Spinoza la même tendance que lui. Il dira par la suite dans sa lettre que sa tendance générale est la sienne : faire de la connaissance l'affect le plus puissant. Nietzsche va plus loin « en cinq points capitaux, écrira-t-il, je me retrouve dans sa doctrine »[37]. Ces cinq points seront notamment dans le rejet de l'existence de la liberté de la volonté (libre arbitre), de l'existence d'une fin, de l'existence de l'ordonnancement moral du monde, de l'existence du non-égoïsme, et enfin dans le rejet de l'existence du Bien et du Mal comme valeurs transcendantes. Il faut dire que cette ressemblance de pensée au niveau des deux penseurs ressort de leur vision du monde. Tandis que pour l'un « *Deus sirve natura* », pour l'autre, « *chaos sirve natura* ».

Pour Spinoza en effet, il n'y a qu'une seule substance infinie et unique, Dieu qui se confond avec le monde, l'univers lui-même : c'est la Nature naturante. Cette nature libre est cause immanente et non transitive de tout de tout, ce tout étant ce qu'il désigne par la Nature « naturée ». De plus pour lui, l'homme est ontologiquement déterminé, et ceci à double titre. Il l'est d'abord intérieurement dans le sens où son essence est déterminée à exprimer une certaine partie de l'essence de la Substance (Nature naturante) et il l'est ensuite extérieurement, car son existence ne dépend pas de son essence, mais des effets exercés par les autres éléments du monde (Nature naturée). Il en ressort donc que selon lui, l'homme ne peut prétendre jouir d'une quelconque liberté. En outre, il n'existe pour lui aucune finalité. La Nature naturante ne crée que dans le seul but de la création elle-même. De même, on ne saurait parler de transcendance en l'occurrence, celle des valeurs de bien ou de mal. Tout est immanent et il n'y a rien en dehors du monde. Enfin, le « conatus », cette force motrice que l'homme hérite de la Substance doit être toujours favorisé d'où le dernier élément de sa ressemblance avec Nietzsche : le « non-égoïsme ».

Au sujet de l'homme qui loin d'être libre est déterminé, Spinoza propose de s'y *adapter* par la connaissance en se servant de la raison. Puisque l'homme est soumis à des contraintes extérieures qui l'empêchent de développer la puissance de sa pulsion de vie, il est appelé à vaincre ses contraintes par la connaissance des lois naturelles intelligibles. Ainsi, la raison lui permet de savoir par exemple que toute chose arrive de façon nécessaire et nous préserve de l'illusion de vouloir que les choses arrivent parce que nous les voulons et comme nous les voulons. Comme le dira J.-P. Vandeuren, « la raison qui est le savoir de l'existence et des rapports nécessaires entre les choses, nous rend aptes à concevoir notre pleine

35 Cf. B.-Y., VALENTIN, *Nietzsche athée et prophète*, Publibook, Paris 2001, p. 83-84.
36 F. NIETZSCHE Briefwechsel III, 1, lettre 135, An Franz Overbeck in Basel, Sils Maria, juli 1881, W. de Gruyter, Berlin, 1981, p. 111.
37 Ibid.

participation au reste de la nature, nie nos fantasmes d'exclusivité et de finalité et nous inclut dans la nécessité de l'ensemble de la nature »[38].

À côté de cette vision spinoziste du monde il y a celle de Nietzsche d'après qui « chaos sirve Natura ». Dire autrement, le monde est un chaos inintelligible composé par la confrontation perpétuelle des forces antagonistes toutes menées par la « volonté de puissance ». Ce chaos ne peut guère conduire à une rationalité, car il n'existe pas pour lui ni lois ni vérité absolue. Ces lois que l'homme semble relever ne sont en réalité qu'une projection humaine pour essayer d'organiser le chaos afin d'y vivre[39]. Ainsi, tout comme le théoricien du « conatus », il y a nécessairement une immanence totale et un rejet catégorique de toute transcendance notamment celles des valeurs de bien ou de mal, de toute finalité, du libre arbitre et du non-égoïsme. Pour ce qui est de la connaissance, elle est la clé qui permettra à l'homme de s'affranchir des superstitions transcendantales afin de se réconcilier avec la vie. Mais pour Nietzsche, cette connaissance passe plutôt par le corps humain dans son interaction avec son environnement.

Par ailleurs, pour poursuivre toujours dans ce qui fait le lien de ces deux penseurs, on peut relever leur but commun de promouvoir une philosophie de la vie. Une vie abondante et profonde basée sur la joie. Ils se sont donné pour mission de libérer la philosophie de toute emprise d'un idéal quelconque (Dieu, Révélation, Bien...) et de la mettre au service de la Vie — de la volonté de puissance ou du conatus — c'est-à-dire de « ce qui nous rend plus forts » pour Nietzsche, de ce qui accroît notre puissance d'affecter et d'être affecté, notre puissance d'être ou d'agir » pour Spinoza. Il faut voir là, une volonté tenace de « libérer la philosophie de son idéal métaphysique de fondation ou de légitimation sur un plan ontologique ou gnoséologique, comme de son modèle ataraxique ou apathique de maîtrise (des passions, des malheurs, du destin) sur un plan éthique et politique »[40].

Ainsi, F. Nietzsche voit en B. Spinoza un précurseur, mais ils partagent aussi les mêmes vues au sujet de la vie. L'un comme l'autre développe une philosophie de la joie, de la plénitude de la vie en dehors de toute considération d'un certain ordre moral du monde. Pour Spinoza par exemple, connaître le réel, c'est accéder aux tendances profondes de la vie, à la plénitude de l'existence. L'influence de B. Spinoza sur F. Nietzsche ne s'étendra pas outre mesure. Puisque très tôt, le langage changera entre ces deux penseurs et le fossé deviendra bien vite infranchissable. Pourtant la rencontre de F. Nietzsche avec B. Spinoza ne saurait être anodine tout comme sa rencontre avec la pensée de A. Schopenhauer.

---

38 J.-P. VANDEUREN, Spinoza et Nietzsche, *in Le Magazine Littéraire*, novembre 1998.
39 Ibid.
40 J.-P. VANDEUREN, Spinoza et Nietzsche, *in Le Magazine Littéraire*, novembre 1998.

1.3.3 Arthur Schopenhauer et le pessimisme

Après les figures de B. Pascal et de B. Spinoza, A. Schopenhauer est aussi un penseur qu'on ne peut ignorer dans l'éclosion de la pensée du jeune F. Nietzsche. La découverte de son ouvrage *Le monde comme volonté et comme représentation* (1819) retiendra l'attention de F. Nietzsche qui se laissera séduire par sa théorie pessimiste. En effet pour A. Schopenhauer, le monde est absurde et dans cette absurdité, l'homme est voué à la souffrance et au malheur. Il découvre cachée derrière ce monde absurde, une volonté aveugle, sans but, sans fin, et insatiable[41], conduisant l'homme à une vie paradoxalement misérable, car satisfaite, elle provoque l'ennui, insatisfaite elle génère la souffrance. Ce qui conduit A. Schopenhauer à déduire que « la vie oscille comme un pendule de la souffrance à l'ennui »[42].

Pour remédier à cet état de choses, il conseille l'extinction du désir humain de vivre. « C'est au désir sans cesse renaissant qu'il faut s'attaquer, c'est du vouloir-vivre éternel qu'il faut se détacher pour atteindre enfin, l'ultime sérénité liée à l'extinction de tout désir »[43]. Il trouve la possibilité de cette renonciation dans l'art et la morale. Mais la vertu par excellence qui délivrera l'homme du vouloir-vivre aveugle est le passage de la vertu à la sainteté, « laquelle est ascétisme, abnégation, négation du vouloir-vivre »[44]. Ainsi, l'homme cessera de vouloir quoi que ce soit et s'établira dans une parfaite indifférence à l'égard de toutes choses.

Séduit par cette théorie pessimiste, F. Nietzsche écrira ses premiers ouvrages qui en porteront la trace. Il s'agit en l'occurrence de *La naissance de la tragédie* (1872) et des *Considérations inactuelles* (1873-1876) qui reflètent cet état d'esprit. Il verra plus tard en R. Wagner un artiste musicien, l'incarnation du génie schopenhauerien dont il fera l'éloge[45]. Mais quelques années après, il rompt avec le pessimisme et fait du désir de vivre le centre de tout. Sa philosophie devient une sorte de *biosophie*[46], promouvant la vie. « Il passe donc ainsi du vouloir-vivre au vouloir dominer »[47] de la négation du vouloir-vivre à l'expression de la volonté de puissance qui sera l'une des bases fondamentales de sa pensée philosophique.

Conclusion partielle

Ce premier parcours — qui nous a permis d'abord de situer la pensée de F. Nietzsche dans son contexte général, ensuite de mieux apprendre à l'aborder et enfin de surtout connaître les philosophes qui, l'ayant précédé, l'ont nourri — nous dispose à mieux entrer dans l'univers de sa pensée. Mais comme penseur singulier, il revient de considérer cette pensée non de l'extérieur, mais en y pénétrant avec les yeux d'un lecteur patient et persévérant. C'est alors qu'on peut s'engager à l'étudier, à mieux la comprendre et afin d'en relever ce qu'elle pourrait avoir de pertinent et voir dans quelle mesure on pourrait la nuancer. C'est le travail que nous entreprendrons dans les pages qui vont suivre.

---

41 R. VERNEAUX, *Histoire de la philosophie contemporaine,* Beauchesne, Paris 1960, p. 38.

42 A. SCHOPENHAUER, cité in R. VERNEAUX, *Histoire de la philosophie contemporaine,* Beauchesne, Paris 1960, p. 39.

43 J. RUSS, *Dictionnaire de philosophie*, Bordas, Paris 1991, p. 372.

44 R. VERNEAUX, *Histoire de la philosophie contemporaine,* Beauchesne, Paris 1960, p. 41.

45 R. VERNEAUX, *Histoire de la philosophie contemporaine,* Beauchesne, Paris 1960, p. 43.

46 *Ibidem*, p. 41.

47 G.-S. GAINSI, *De l'homme à Dieu,* Harmattan, Paris 2019, t. 1, p. 37.

CHAPITRE 2 : LA PHILOSOPHIE DE F. NIETZSCHE ET LA PROBLÉMATIQUE DE L'ACCOMPLISSEMENT DE L'HOMME SANS DIEU

Le siècle des Lumières, dans sa fougue de libérer l'homme de l'obscurantisme et de la superstition, a laissé libre cours à divers courants de pensée parmi lesquels, ceux qui se sont employés à progressivement écarter l'idée du divin de l'horizon de la vie de l'homme. D'une part, l'existence de Dieu fut remise en cause et d'autre part, toutes les idées issues de son existence comme Être transcendant et comme Bien Absolu, fondant la morale et la religion furent rejetées. En conséquence, les valeurs découlant de la tradition judéo-chrétienne furent taxées de valeurs négatives niant la vie. Cette entreprise a donné naissance au cours du siècle au nihilisme.

En partant de la philosophie de ses prédécesseurs, F. Nietzsche diagnostique le mal et propose dans *Ainsi parlait Zarathoustra* une porte de sortie pour réinventer l'homme, un homme fort, capable de survivre au cataclysme généré par le nihilisme et par la « mort de Dieu ». Dans ce sens, ce deuxième chapitre de notre analyse étudiera donc en trois points, les grands axes de sa pensée qu'il développe dans son œuvre. Nous l'exposerons en commençant par la présentation des trois métamorphoses de l'esprit.

2.1 Des trois métamorphoses de l'esprit : programme philosophique de F. Nietzsche

Située en tête des discours de Zarathoustra, l'allégorie des trois métamorphoses de l'esprit nous livre le programme philosophique de F. Nietzsche. Que pouvons-nous comprendre de cette allégorie ? Comment le message de Zarathoustra en est-il le déploiement ? Comment enfin comprendre cette métaphore comme une invitation à la transvaluation des valeurs ?

2.1.1 La métaphore des trois métamorphoses de l'esprit

La métaphore des trois métamorphoses de l'esprit représente chez F. Nietzsche les trois étapes de l'évolution de l'homme. Il emploie respectivement l'image du chameau, du lion et de l'enfant. Au commencement de sa vie, l'homme reçoit une éducation où il apprend la contrainte du devoir et de la morale. Il considère alors comme bonne toute action où il porte des poids les plus pesants, où il s'humilie pour étouffer son orgueil. En conséquence, il devient comme une bête de somme prête à porter de lourdes charges sans se plaindre et à obéir sans se rebeller : cette attitude de vénération désigne l'esprit chameau. « Sa force réclame de lourds fardeaux, les plus lourds qui soient au monde »[48], car sa caractéristique essentielle est la docilité. Il endosse un destin tout fait, en se soumettant à des valeurs existantes sans les contester. Mais sa vie le mène à grands pas vers son désert. « Et là, dans cette solitude extrême, se produit la deuxième métamorphose : l'esprit chameau devient lion. Il entend conquérir sa liberté et être le roi de son propre désert »[49].

---

48 F. NIETZSCHE, *Ainsi parlait Zarathoustra*, Flammarion, Paris 2006, p. 63.
49 F. NIETZSCHE, *Ainsi parlait Zarathoustra, Flammarion, Paris 2006,* p. 64.

L'esprit lion est le libre esprit, l'esprit indépendant. Il acquiert cette indépendance par la révolte et la destruction de ses anciennes valeurs, car « si l'on veut créer, il faut commencer par détruire »[50]. Il est tout le contraire de l'esprit chameau. Il veut être son propre maître et oppose un non catégorique à tous ceux qui s'érigent en maîtres au-dessus de lui. Il oppose un « je veux » à tous les « tu dois »[51]. Toutefois, la métamorphose reste encore incomplète, l'esprit doit subir une troisième métamorphose pour se transformer en enfant. F. Nietzsche s'en explique :

> « Mais dites-moi, mes frères, que peut encore l'enfant, dont le lion lui-même eut été incapable ? Pourquoi le lion ravisseur doit-il encore devenir enfant ? C'est que l'enfant est innocence et oubli, commencement nouveau, jeu, roue qui se meut d'elle-même, premier mobile, affirmation sainte. En vérité, mes frères, pour jouer le jeu des créateurs, il faut être une affirmation sainte ; c'est *son* propre vouloir que veut à présent l'esprit qui a perdu le monde, il conquiert *son* propre monde »[52].

Ainsi, l'enfant est l'image de l'innovation. Il peut vivre et définir ses propres valeurs, il est créateur par excellence. Il n'y a désormais ni Dieu ni homme au-dessus de lui. L'enfant nietzschéen est aventureux, audacieux et entreprenant. « Il est élan vers son propre avenir qu'il ne reçoit de personne, sinon de lui-même. Il est symbole de l'homme qui est totale création de soi par soi »[53]. Ce n'est qu'avec un tel esprit que l'homme peut marcher vers sa propre réalisation qui est le Surhomme. C'est essentiellement le message de Zarathoustra au cours de son long pèlerinage chez les hommes.

2.1.2 Le message de Zarathoustra : le déroulement des métamorphoses de l'esprit

Après dix ans dans la solitude, Zarathoustra décide de descendre vers les hommes pour partager avec eux sa sagesse et leur enseigner le Surhomme. Mais puisque l'enseignement de Zarathoustra est un enseignement nouveau, il implique d'eux une attitude nouvelle. Avant lui, jusque-là, les hommes avaient toujours vécu « bien assis sur une antique présomption »[54] et dans un monde inhibé par l'enseignement et les valeurs promues par des « prédicateurs des outres mondes »[55]. Ils avaient donc jusque-là adopté l'attitude du chameau, se laissant charger par les fardeaux les plus lourds, menant une existence hostile à la vie[56] et reniant leurs propres aspirations et désirs. La première tâche du prophète iranien a été de les inviter à briser leurs anciennes tables de valeurs ; lesquelles tables mobilisaient leur attention vers des espérances supra terrestres et menaçaient par la même occasion leur vie terrestre.

> Quand je suis venu chez les hommes dira-t-il, je les ai trouvés bien assis sur une antique présomption. [...]. J'ai secoué cette somnolence [...]. Et je leur ai prescrit de renverser toutes leurs anciennes chaires et tous les sièges qu'avait occupés cette antique présomption, et je leur ai ordonné de rire de leurs grands maîtres de vertu, leurs saints,

50 F. NIETZSCHE, *Ainsi parlait Zarathoustra, Flammarion, Paris 2006,* p. 99.
51 *Ibidem*, p. 64.
52 *Ibidem*, p. 65.
53 M. NEUSCH, *Aux sources de l'athéisme contemporain,* Centurion, Paris 1977, p. 152.
54 F. NIETZSCHE, *Ainsi parlait Zarathoustra,* Flammarion, Paris 2006, p. 249.
55 F. NIETZSCHE, *Ainsi parlait Zarathoustra,* Flammarion, Paris 2006, p. 68.
56 *Ibidem*, p. 249.

leurs poètes, et leurs rédempteurs. Je leur ai prescrit de rire de leurs sages austères et de tous les noirs épouvantails qui sont jamais venus percher leur menace sur l'arbre de la vie »[57].

La mort de Dieu, de tous les absolus et des vieilles idoles a « libéré » l'homme : « c'est depuis qu'il gît au sépulcre que vous êtes ressuscité. C'est maintenant enfin que va luire le grand Midi, que l'homme supérieur va être le maître »[58] écrit-il. Loin de se laisser effrayer par cette terrible nouvelle de la mort de Dieu, l'homme doit donc plutôt s'armer de courage et de force pour tout reconstruire et devenir lui-même dieu, car la tâche ne fait que commencer, et Zarathoustra l'exhorte à garder courage : « allons courage ! Hommes supérieurs. C'est à présent que la montagne de l'avenir humain va accoucher. Dieu est mort. Mais nous, nous voulons à présent que le Surhumain vive »[59]. Dire autrement, F. Nietzsche invite l'homme devenu désormais enfant, à se définir son avenir, à marcher vers le « sens de la terre »[60]. Pour y arriver, il devra se créer de nouvelles tables de valeur en partant de lui-même, en se servant de sa volonté de puissance et en se situant par-delà bien et mal. Alors seulement, il pourra vivre pleinement cette vie, l'aimer profondément et vouloir qu'elle revienne indéfiniment. Nier toutes les autres valeurs mortifères et tous les absolus nuisibles à une vie immanente, créer de nouvelles valeurs de vie en partant de soi-même, c'est en définitive renverser les valeurs anciennes au profit des nouvelles. D'où le lien étroit entre l'allégorie des trois métamorphoses de l'esprit et une invitation à la transvaluation des valeurs.

2.1.3 La transvaluation des valeurs

Si nous avons vu d'une part comment l'esprit chameau, dans son désert, s'est révolté contre toutes les anciennes valeurs qui l'aliénaient, en se métamorphosant en lion, nous avons aussi vu combien il lui est nécessaire de passer à une troisième métamorphose ; celle-là même qui lui permettra de se créer de nouvelles valeurs pour sa propre survie. Il est devenu enfant. L'enfant est la dernière métamorphose, mais l'évolution de l'homme vers le *sens de la terre* ne s'arrête pas seulement à cet état d'enfant. De fait, la caractéristique essentielle de ce dernier c'est qu'il est innocence et capacité de création. Sa tâche principale consiste donc à créer de nouvelles valeurs, à remplacer les valeurs de mort par des valeurs de vie. C'est ce que F. Nietzsche entend par la transvaluation des valeurs. C'est le rétablissement des forces de vie face aux valeurs mortifères.

En effet pour F. Nietzsche, la morale et les valeurs occidentales sont à l'origine, issues d'une inversion des valeurs d'où la nécessité d'un renversement de celles-ci. D'après lui, au principe de toute vie, se trouve une pulsion, une force, qui veut indéfiniment augmenter sa puissance. Mais il constate que le platonisme, relayé par le christianisme a pendant longtemps condamné cette volonté de puissance qui est en définitive une volonté de vivre conscient, voulu et recherchée contrairement à l'enseignement de A. Schopenhauer ; une volonté de

57 F. NIETZSCHE, *Ainsi parlait Zarathoustra,* Flammarion, Paris 2006, p. 249.
58 *Ibidem*, p. 345.
59 *Ibidem*, p. 346.
60 *Ibidem*, p. 48.

croître, de se dépenser en prodigalité[61]. Le christianisme a opéré donc une première inversion des valeurs en favorisant et en sanctifiant tout ce qui, selon F. Nietzsche, se ligue contre les forces de vie[62] : avant tout par l'invention de la vérité au mépris du réel, c'est-à-dire l'idéal contre le sensible. Ensuite par l'instauration de moult valeurs mortifères comme : la pitié, l'égalité, la culpabilité, la honte, la condamnation de la sexualité, toutes ces morales du renoncement, qui empêchent la puissance de l'homme de se déployer. Et enfin, en plaçant la morale des faibles, contre les valeurs des forts, en d'autres termes, en faisant simplement de l'homme une bête de somme qui doit porter de lourds fardeaux, réprimer ses pulsions pour prétendre vivre une vie morale.

La transvaluation des valeurs invite donc l'homme à se dessaisir de ces valeurs qui l'entravent, et à devenir lui-même créateur de valeurs. Elle est en définitive donc une invitation à fixer nos valeurs par nos propres actes et en partant de nous-mêmes. C'est en général le profond message de Zarathoustra et c'est aussi l'entreprise philosophique de F. Nietzsche qui émerge dans un monde largement influencé par les idées des Lumières, un monde où Dieu est menacé de mort.

2.2 La montée d'un siècle *déicide*

Le premier axe de ce deuxième point nous permettra de voir comment les idées des Lumières ont donné naissance à un siècle où Dieu est « tué » et continue de l'être. Nous étudierons donc pour cela d'abord, le phénomène du nihilisme à la lumière de la pensée de F. Nietzsche. Nous verrons ensuite ce qu'il entend par sa théorie de la mort de Dieu, et enfin comment il compte surmonter la métaphysique qui est aussi l'une des sources du nihilisme et de la décadence des temps modernes.

2.2.1 Le nihilisme comme maladie des temps modernes

Du latin *nihil*, rien, le nihilisme est avant tout au sens large, une doctrine qui refuse l'existence de quelque chose d'absolu et critique les valeurs traditionnelles. F. Nietzsche emploie ce terme pour désigner le processus à l'œuvre dans la civilisation occidentale, dont la décadence européenne au XIXe siècle est l'aboutissement. Œuvre du ressentiment, il désigne d'après lui, sous sa première forme, le progressif triomphe des forces réactives sur les forces actives affirmatrices de la vie. En d'autres termes, c'est le fait que les valeurs négatives hostiles à la vie, découlant aussi bien de la tradition judéo-chrétienne que de la tradition métaphysique occidentale, soient de plus en plus promues. À cette première forme s'ajoute une deuxième forme de nihilisme qui est la perte de sens. « Que signifie le nihilisme ? demande-t-il. Que les valeurs supérieures se déprécient. Les fins manquent ; il n'est pas de réponse à cette question : à quoi bon ? »[63] Avec F. Nietzsche, le nihilisme cesse donc de désigner une doctrine pour signifier une maladie de la culture et de la civilisation occidentale,

---

61 https://fr.wikipedia.org/w/index.php, *Renversement des valeurs*, [consulté le 12 février 2020].
62 M. PARAIRE, *Comprendre les grands philosophes,* Éditions de l'épervier, Paris 2010, p. 163.
63 F. NIETZSCHE, *La volonté de puissance,* Gallimard, Paris 2005, liv 3, t. 2, p. 43.

« une crise mortelle frappant notre univers moderne »[64]. Il l'entrevoit comme une expression de la décadence de la volonté de puissance, et accuse la métaphysique et la tradition judéo-chrétienne d'en être responsables.

Ainsi, d'après F. Nietzsche, le nihilisme tire sa source d'une part de cette métaphysique qui forge les fables de l'*Être*, de l'*Essence* et de tous les arrière-mondes, et d'autre part du judéo-christianisme qui, méprisant la vie active, prône l'idéal ascétique qui est une vie mutilée[65]. Les contre-valeurs deviennent des vertus, la « faiblesse » par exemple est promue au rang de valeur et de vertu. Le nihilisme comme pathologie de la modernité ne peut que conduire la société à la ruine. Déjà, elle aboutit à la « mort de Dieu ». Pour sortir de ce carcan nihiliste, F. Nietzsche propose un chemin à deux étapes : d'abord critiquer l'idéalisme en tant que responsable du nihilisme moderne, donc « surmonter la métaphysique » ; et ensuite, comme dit précédemment, opérer la transmutation de toutes les valeurs, afin de renouveler l'humanité décadente par le Surhomme, car Zarathoustra le dira : « tous les dieux sont morts, ce que nous voulons à présent, c'est que le surhumain vive ; tel sera un jour, lors du grand midi, notre vouloir suprême »[66]. Mais que laisse-t-il entendre par sa théorie de la mort de Dieu ?

2.2.2 La « mort de Dieu » : le crépuscule des absolus

L'irruption du nihilisme dans la culture occidentale a marqué l'écroulement de tout ce qui pouvait fonder ou donner du sens. C'est désormais le règne du rien. Et ce règne conduit inéluctablement à un fait irrécusable, « la mort de Dieu ». F. Nietzsche en précisément de manière allégorique dans l'attitude de l'insensé à l'aphorisme 125 de *Gai Savoir.*

> « [...] Où est Dieu ? cria-t-il, je vais vous le dire ! Nous l'avons tué — vous et moi ! Nous sommes ses assassins ! [...] Ne sentons-nous rien encore de la décomposition divine ? — Les dieux aussi se décomposent ! Dieu est mort ! Dieu demeure mort ! Et nous l'avons tué ! [...] Ce que le monde possédait jusqu'alors de plus saint et de plus puissant, nos couteaux l'ont vidé de son sang. Qui nous lavera de ce sang ? » [67].

F. Nietzsche entend exprimer par cette théorie que la foi dans le Dieu chrétien a été dépouillée de sa plausibilité. Il fait donc le constat de ce que ses contemporains ne croyaient plus en Dieu et que conséquemment, sans Dieu la civilisation s'effondre. Car la théorie de la mort de Dieu fait aussi allusion au Dieu moral. On le comprend quand F. Nietzsche affirme : « Vous dites que Dieu se décompose en lui-même, mais il ne fait que se peler : il dépouille sa peau morale et vous le reverrez bientôt par-delà le Bien et le Mal »[68]. De fait, Dieu a existé par le passé comme absolu et comme fondement de tous les absolus (la morale, la religion, etc.). Il a existé comme présence du suprasensible fondant et éclairant les civilisations. Or, « la lumière du Dieu chrétien a cessé d'illuminer l'Europe »[69].

---

64 Cf. J. RUSS, *La marche des idées contemporaines,* Armand Colin, Paris 1994, p. 164.
65 *Ibidem,* p. 165.
66 F. NIETZSCHE, *Ainsi parlait Zarathoustra,* Flammarion, Paris 2006, p. 119.
67 IDEM, *Gai Savoir,* in Œuvres, Flammarion, Paris 1997, p. 162.
68 IDEM, *Ainsi parlait Zarathoustra,* Flammarion, Paris 2006, p. 310.
69 J. RUSS, *Philosophie. Les auteurs et les œuvres*, Bordas, Paris 2003, p. 357.

La mort de Dieu génère donc une crise, mais une telle crise ne nous enferme pas dans l'irrémédiable. F. Nietzsche y voit d'ailleurs avec grande joie, la possibilité d'une société européenne nouvelle, débarrassée du carcan moral judéo-chrétien et de toute emprise d'une métaphysique de la décadence ; il entrevoit la possibilité pour des philosophes, médecins de notre civilisation d'enseigner une nouvelle morale de liberté et d'acceptation joyeuse du monde tel qu'il est, et d'y convertir un jour l'humanité. Mais la création d'une telle morale doit passer d'abord par le dépassement de la métaphysique et la destruction de toutes les idées promouvant les « arrière-mondes ».

2.2.3 Le déclin de la métaphysique : l'immanentisme de la vérité

Le nihilisme moderne, observe F. Nietzsche, est la conséquence directe de cette pensée métaphysique qui s'est imposée comme l'idéologie de toute la civilisation occidentale et comme aussi le soubassement de la tradition judéo-chrétienne. En effet, dans la philosophie de F. Nietzsche, la métaphysique est tout ce qui est opposé à la réalité. Est métaphysique pour lui toute abstraction, toutes constructions idéologiques dépourvues de répondant matériel ou déconnectées avec la réalité. Il y fait allusion lorsqu'il parle par exemple d'arrière-monde, d'une certaine vie après cette vie terrestre, d'un monde-vérité tout comme le conçoit la philosophie platonicienne. Il rend responsable une telle métaphysique de l'avènement du nihilisme. Pour vaincre donc ce dernier, il est indispensable de s'affranchir définitivement de cet idéalisme métaphysique situant la vérité au-delà des apparences. C'est dans ce sens que F. Nietzsche se donne pour tâche de surmonter la métaphysique.

Dans ce dépassement qui se manifeste sur différents plans, il n'entend pas détruire uniquement les bases de la vérité métaphysique, mais produire une vérité supérieure immanente. La métaphysique occidentale en effet porte en elle les marques de la philosophie platonicienne qui distingue deux mondes opposés : le monde sensible auquel nous sommes habitués qui serait le monde des apparences et le monde intelligible, qui est celui des idées et qui serait le monde vrai. Ainsi au plan moral par exemple, elle oppose le bien et le mal, situant le mal dans le monde des apparences et le bien dans le « monde vrai ». D'autre part, en situant la vérité hors du monde sensible, elle prône le mépris des sens et de tout ce qui relève de l'ordre du sensible. Mais d'après F. Nietzsche, on ne dispose pas d'autre règle pour définir la vérité que la réalité sensible. La vérité n'est plus donc à rechercher dans la transcendance, mais plutôt dans l'immanence. Voilà pourquoi il fustige les « hallucinés de l'arrière monde »[70], qui ne déchiffrent pas les phénomènes tels qu'ils sont, mais les escamotent sous des projections fantasmatiques. Et le métaphysicien en particulier forge le concept de l'être et de l'au-delà par haine du devenir, de la vie et surtout par faiblesse puisque pour lui, « douleur et impuissance ont créé tous les outre-mondes »[71]. Or, puisque seule existe cette réalité que l'on s'acharne à disqualifier en la taxant de simple apparence, il faut conclure que la métaphysique n'est qu'une fabulation autour du néant. Et l'idéal deviendrait alors le néant érigé en idole.

70 F. NIETZSCHE, *Ainsi parlait Zarathoustra,* Flammarion, Paris 2006, p. 68.
71 *Ibidem,* p. 69.

La critique de la métaphysique à laquelle se donne F. Nietzsche n'a d'autre but que de détruire l'idée selon laquelle la vérité et le bonheur de l'homme se situeraient au-delà du monde_sensible, dans un certain au-delà. En effet, ce monde n'est que le résultat du désespoir de l'homme souffrant, malade et mourant. C'est le mépris du corps et de la terre qui a généré l'invention d'un autre monde supposé être le siège des idées vraies, et signant la fin de la souffrance de l'homme. Il remarque qu'également, même les images qui servent à créer ce monde imaginaire sont empruntées à la terre. « Ce sont les malades et les moribonds qui ont méprisé le corps et la terre et inventé les réalités célestes et les gouttes de sang rédemptrices ; mais, même ces poisons doux et lugubres, ils les ont empruntés au corps et à la terre »[72]. Dire autrement, toute cette entreprise n'est que pure illusion. Les prédicateurs des outres-mondes doivent plutôt guérir, se surmonter, se créer un corps supérieur et revenir au sens de la terre. Voilà pourquoi, il est urgent de dépasser la métaphysique.

La métaphysique déconstruite, on est donc invité à vivre sur terre et à nous y accomplir pleinement. « Écoutez plutôt mes frères, la voix du corps sain, il tient un langage plus honnête et plus pur ; et il parle du sens de la terre »[73]. L'immanence est désormais le critérium du vrai. C'est pourquoi F. Nietzsche lance cette invitation : « Je vous en conjure ô mes frères, demeurez fidèles à la terre et ne croyez pas ceux qui vous parlent d'espérances supraterrestres : ce sont des empoisonneurs qu'ils le sachent ou non »[74]. C'est seulement à ce prix que l'homme marchera vers son destin qui est de réaliser le Surhomme en lui.

2.3 L'HOMME VERS SA RÉALISATION

Dieu étant mort, il n'y a plus d'autres valeurs supraterrestres à poursuivre. Désormais, le but de l'homme c'est de faire venir le Surhomme. Dans la réalisation de cette noble tâche à laquelle tous les hommes sont appelés, la ***volonté de puissance*** représente un élément capital, c'est la vertu principale du Surhomme. Elle lui donne d'être créateur de valeurs, lesquelles valeurs lui permettront de vivre profondément sa vie de telle manière à vouloir que tout revienne éternellement de la même manière, il voudra de toute sa volonté l'éternel retour du même. Mais quelle conception F. Nietzsche a-t-il de l'homme et qu'entend-il par sa doctrine du Surhomme, de la volonté de puissance et de l'éternel retour ?

2.3.1 L'anthropologie nietzschéenne au service de l'avènement du Surhomme

Pour mieux comprendre la théorie du Surhomme, il est important de faire un tour de table sur l'anthropologie de F. Nietzsche. En effet, pour ce philosophe allemand, l'homme est une « chose » qui doit évoluer. Loin de faire allusion aux thèses darwiniennes de l'évolutionnisme, F. Nietzsche estime plutôt que, sans changer de nature, l'homme est capable de se surpasser, d'aller au-delà de ce qu'il est. Sa thèse fondamentale, est que l'homme est une étape imparfaite de sa réalisation. « Il est un pont et non un terme ; ce qu'on peut aimer chez l'homme c'est qu'il est transition »[75] nous dira-t-il, vers son accomplissement total qui

72 F. NIETZSCHE, *Ainsi parlait Zarathoustra,* Flammarion, Paris 2006, p. 70.
73 *Ibidem,* p. 71.
74 *Ibidem,* p. 48.
75 F. NIETZSCHE, *Ainsi parlait Zarathoustra,* Flammarion, Paris 2006, p. 50.

est le Surhomme. C'est le but ultime que doit viser l'homme. Ce dernier devra donc se dépasser pour réaliser cet objectif. Ainsi, son anthropologie prépare la théorie du Surhomme, mais, qu'entend-il par Surhomme ?

D'emblée, il est important de préciser que le Surhomme dont parle Zarathoustra n'est ni un Superman ni un Hercule. La décomposition du mot en partant de son étymologie allemande nous aide à mieux en saisir le sens. Il est forgé du préfixe *über —*, « super — », « sur — » et du nom *Mensch*, « humain », la traduction de *Über-mensch* en français est souvent rendue par *Surhomme*. Mais relevons en réalité que *Mensch* se traduit par *humain* et non pas par *homme* (*Mann* en allemand). De plus, le préfixe *über* suggère autant d'aller au-delà, de dépasser, de traverser, de franchir que de surmonter. Ainsi, il serait plus juste de parler de *Surhumain* plutôt que de *Surhomme*[76]. Cependant, nous choisissons d'utiliser le terme de Surhomme qui est beaucoup plus courant en français. Ainsi, le sens du mot Surhomme est conforme à l'étymologie « au-delà de l'homme »[77], car pour F. Nietzsche, l'homme actuel n'est qu'une image imparfaite du Surhomme qu'il doit devenir. Aussi le Surhomme se présente-t-il comme un type utopique d'homme, une essence, un idéal d'être supérieur, l'homme à devenir. Il est par hypothèse l'incarnation de la volonté de puissance humaine la plus haute, l'incarnation de la vie qui trouve à s'affirmer dans la pensée de l'éternel retour.

Relevons par ailleurs que l'idée du Surhomme ne suggère pas la fabrication d'une nouvelle espèce destinée à supplanter l'homme, mais par l'éducation, il vise à obtenir un type d'homme réussi afin de le hausser jusqu'à l'affirmation dionysiaque de l'*amor fati* et de le rendre maître de la terre. Pour y arriver, on devra réhabiliter les passions dangereuses que l'on a cherché à tuer, car elles sont l'aiguillon de la volonté de puissance[78]. « L'homme a besoin de ce qu'il a de pire en lui, s'il veut parvenir à ce qu'il a de meilleur »[79]. Le Surhomme développe donc une puissance qui lui permet de créer et de voir le monde tel qu'il se présente. Dans ce sens, il est un dépassement vers une humanité plus terrestre et plus immanente que jamais. Il est « le sens de la terre »[80]. Ainsi, le Surhomme est un type supérieur d'homme, à la fois le plus sage et le plus fort[81] travaillant à la transvaluation des valeurs et de l'existence. Pour réussir cette tâche, il devra développer sa volonté de puissance.

2.3.2 De la volonté de puissance

La volonté de puissance peut sous-entendre à tort une volonté de rechercher la puissance et la domination en toute chose. C'est la conception de départ que F. Nietzsche puise dans la pensée de B. Pascal. Tout comme lui, on pourrait y voir un rapport de force brutal, une sorte de volonté d'hégémonie. Mais F. Nietzsche va au-delà de cette définition. La volonté de puissance pour lui est d'abord perçue à la fois comme une force créatrice et

76 Cf. http://fr.m.wikipedia.org, *Le Surhomme* [consulté le 22 février 2020].
77 G. MOREL, *Nietzsche. Création et métamorphose*, Aubier Montaigne, Paris 1977, p. 272.
78 Cf. J. GRANIER, *Friedrich Nietzsche*, in Encyclopaedia Universalis, Paris 1980, Vol. 11, p. 803-808.
79 F. NIETZSCHE, *Ainsi parlait Zarathoustra,* Flammarion, Paris 2006, p. 273.
80 *Ibidem*, p. 48.
81 P. WOTLING, « *Nietzsche* », in J.-P. ZARADER, (dir.), *Le vocabulaire des philosophes. III Philosophie moderne XIX*[ème] *siècle*, Ellipses, Paris 2002.

destructrice, comme le mouvement même de transcendance créatrice dans l'homme supérieur. C'est dans ce sens que G.-S. Gainsi pense qu'« elle est un ensemble de sensation, d'instinct, d'émotion, de passion, de pensée et de mouvement »[82]. Elle est lutte pour la vie, mais aussi plénitude spirituelle et surabondance existentielle, une faculté dynamique qui, sous sa forme la plus haute crée et donne. « Elle est essentiellement donatrice, écrit G. Deleuze »[83]. C'est une adhésion à la vie, un grand OUI à la vie. Ce n'est que dans un deuxième sens qu'elle peut désigner un désir de pouvoir et de domination. Mais il faut plutôt la voir comme un acte de se transcender ou de s'autodépasser, comme un processus d'intensification de la puissance que l'on a en soi. Chez F. Nietzsche, elle est donc positive contrairement à la conception pascalienne qui la trouve négative et nocive.

En plus d'être la vertu spécifique du Surhomme, la volonté de puissance est tapie en tout homme et peut s'exprimer aussi bien dans le ressentiment des médiocres que dans l'énergie des hommes supérieurs aptes à renverser et réinventer les valeurs[84]. C'est pourquoi F. Nietzsche n'hésite pas à affirmer : « Où j'ai trouvé de la vie, j'ai trouvé la volonté de dominer, et jusque dans la volonté du serviteur, j'ai trouvé la volonté d'être le maître »[85]. Alors que les médiocres et les faibles, dans leur ressentiment cherchent plutôt un espace, si petit soit-il, pour dominer plus faibles qu'eux, les hommes supérieurs travaillent à se surmonter, à se dépasser, à créer et à donner. Ainsi la volonté de puissance s'exerce différemment, mais il est absolument pour le Surhomme, l'énergie créatrice en lui et dans le monde qui conduit à une étape supérieure. Et c'est aussi là le dépassement que fait F. Nietzsche par rapport à B. Pascal pour ce qui est de sa théorie de la volonté de puissance. Nanti de cette dernière, le Surhomme sera suffisamment fort, pour supporter la pensée de l'éternel retour du même.

2.3.3 De la théorie de l'éternel retour

D'après F. Nietzsche, tout ce qui devient, revient. Il développe une conception cyclique du temps, conception selon laquelle toutes les choses reviennent un nombre infini de fois à l'identique, éternellement. Ses animaux le lui disent en ces mots : « Vois-tu [Zarathoustra], nous connaissons ce que tu vas enseigner : que toutes choses reviennent éternellement et nous avec elles, et que nous avons déjà existé un nombre infini de fois, et toutes choses avec nous »[86]. Ainsi, l'instant acquiert le caractère de l'éternité, car il s'est déjà produit et se reproduira une infinité de fois. C'est ce que laisse entendre Zarathoustra quand il affirme que « tout passe et tout revient, éternellement tourne la roue de l'être »[87]. F. Nietzsche adopte donc entièrement cette théorie en affirmant son adhésion au Destin et en opposant aux « arrière-mondes », la plénitude de ce qui est, la force vitale qui tour à tour crée et détruit ce qu'elle a créé, car « tout meurt, tout refleurit ; éternellement se déroule le cycle de l'être »[88]. Ce retour

82 G.-S. GAINSI, *De l'homme à Dieu,* Harmattan, Paris 2019, t. 1, p. 36.
83 G. DELEUZE, *Nietzsche et la philosophie,* PUF, Paris 1962, p. 97.
84 N. BARAQUIN, *Dictionnaire de philosophie,* Armand Colin, Paris 2007, p. 365.
85 F. NIETZSCHE, *Ainsi parlait Zarathoustra,* Flammarion, Paris 2006, p. 160.
86 F. NIETZSCHE, *Ainsi parlait Zarathoustra,* Flammarion, Paris 2006, p. 275.
87 *Ibidem*, p. 272.
88 *Idem*, p. 272.

identique du même, Zarathoustra en est convaincu à telle enseigne qu'il n'hésite pas à affirmer avec assurance :

> « Je reviendrai avec ce soleil, avec cette terre, avec cet aigle, avec ce serpent — non pas dans une vie nouvelle, dans une vie meilleure, ni dans une vie semblable : je reviendrai éternellement pour cette même et identique vie, avec toutes ses grandeurs et toutes ses misères, pour enseigner de nouveau le Retour éternel de toute chose, pour annoncer de nouveau le grand Midi de la terre et des humains, pour annoncer de nouveau aux hommes le surhumain »[89].

Par ailleurs, la doctrine de l'éternel retour se présente également comme une épreuve de sélection des forts et des faibles par l'*Amor fati* : l'amour de ce qui arrive, tel qu'il arrive. La question est en effet de savoir qui aura la force d'aimer la vie au point de vouloir et même d'aimer l'hypothèse de l'éternel recommencement de sa vie, revivre cette vie à l'identique et pour toujours une infinité de fois. C'est là en effet un fait terrible pour le faible, qui n'a pas aimé la vie. Car en définitive, vouloir l'éternel retour de tout ce qui est, c'est la plus haute affirmation de la vie[90]. Cette doctrine F. Nietzsche en fait est un impératif qui doit guider toutes nos actions : « agis de telle sorte que tu puisses vouloir l'éternel retour de ta vie tout entière »[91]. Il s'agit bien moins d'éliminer les heures de souffrances que d'aimer son existence au point d'en métamorphoser chaque instant, sans plus croire en aucun arrière-monde, aucune finalité de l'univers ou de la vie ; pas même en la mort. Cette « pensée la plus lourde »[92] qu'est celle de l'éternel retour devrait avoir pour effet de fortifier les forts et de pousser les faibles au désespoir et à l'anéantissement.

Conclusion partielle

Au terme de ce deuxième chapitre, on relève donc que F. Nietzsche propose un chemin d'accomplissement de l'homme, lequel chemin va de la mort de Dieu jusqu'au vouloir de l'éternel retour en passant par le dépassement de la métaphysique et de toutes les idées des « arrière-mondes », pour aboutir à la venue du Surhomme qui est le sens de la terre. Le nihilisme ayant gagné la civilisation, le Surhomme dont la vertu principale est la volonté de puissance devra créer une nouvelle civilisation par la promotion des vertus supérieures. Ainsi, son oui à la vie s'exprimera par l'amour et le désir de l'éternel retour. Tel est le profil de l'homme que propose F. Nietzsche, un homme fort, courageux et créateur. Cet homme semble être celui du postmodernisme, celui de notre société contemporaine actuelle. F. Nietzsche en aurait-il été le prophète ? L'accomplissement de l'homme tel qu'il le suggère, loin de Dieu serait-il à même de répondre aux aspirations profondes de l'humain ? Telles sont les grandes questions qui feront l'objet du chapitre qui va suivre.

89 *Ibidem*, p. 275-276.
90 M. de LAUNAY, - J. MOUZET, « L'éternel retour. L'idée et les mots », in *Philosophie Magazine. Nietzsche l'antisystème*, n°26, (2015), p. 96.
91 Cf. F. NIETZSCHE, *Gai Savoir,* in Œuvres, Flammarion, Paris 1997, p. 251.
92 *Ibidem*, p. 251.

CHAPITRE 3 : F. NIETZSCHE PROPHÈTE DU POSTMODERNISME ET SES LIMITES

La pensée de F. Nietzsche, comme une dynamite a éclaboussé le siècle qui lui a succédé. Elle a influencé aussi bien le domaine philosophique, religieux que moral. Son fameux constat de la « mort de Dieu » semble être aujourd'hui encore, plus actuel que jamais. De même, la vision de l'homme qu'il proposait avec une farouche conviction semble avoir fait écho et tout porte à croire que la société postmoderne marche à grands pas vers le Surhomme, tant elle se dote de moyens insoupçonnables pour réaliser cette vision qu'elle a l'air d'avoir comprise mieux que F. Nietzsche lui-même qui l'a initié.

Ce dernier chapitre a justement pour but de traiter en trois points de l'emprise de la pensée de F. Nietzsche sur notre société contemporaine dont il semble avoir été le prophète. Nous aborderons donc pour ce faire, avant tout l'influence de sa pensée pour voir comment celle-ci se fait actuelle. Ensuite nous nous pencherons sur la critique qu'il adresse à la religion, notamment au christianisme pour mieux la comprendre et en relever les limites. Enfin, dans un troisième point, nous esquisserons des pistes pour une possibilité de vivre et de penser après F. Nietzsche sans pour autant nier Dieu, sans pour autant brimer l'homme.

3.1 UNE SOCIÉTÉ POSTMODERNE FORTEMENT NIETZSCHÉENNE

La société contemporaine comme nous l'évoquions plus haut, est très marquée par l'empreinte de la pensée du philosophe au marteau et cela peut se remarquer à divers niveaux. Ce premier point du troisième chapitre présentera en première position le visage de cette société-là, où Dieu semble être frappé d'ostracisme en lien avec la mort de Dieu développé précédemment. En deuxième position il s'agira d'aborder la question de l'élaboration d'une éthique post-chrétienne en relation avec le dépassement de la morale traditionnelle abordée dans le chapitre deux. En dernière position, nous traiterons de la question du post-humain en rapport avec le Surhomme qu'enseigne Zarathoustra.

3.1.1 Dieu, hors de l'horizon de la vie humaine ?

L'influence des trois derniers siècles sur celui que nous traversons actuellement est obvie, et cela, sur plusieurs points. L'un des points les plus remarquables est le point religieux. De fait, depuis la lutte des Lumières contre ce qu'elles ont appelé « obscurantisme » et « superstition », la religion s'est trouvée sous les coups de boutoir de diverses idéologies qui ont œuvré pour détruire au sein de la société et dans les esprits le sentiment religieux et le rapport à la Transcendance. L'un des objectifs était d'en finir avec la conception de Dieu et de tout ce qui y était afférent, Dieu étant vu comme celui qui a longtemps bâillonné la liberté de l'homme. Conséquemment, on a remarqué une recrudescence de l'athéisme qui « est passé du plan intellectuel au plan existentiel »[93]. À cela, s'est ajouté la déclaration on ne peut plus tonitruante de F. Nietzsche en 1882 dans le *Gai Savoir* sur la mort de Dieu dont nous avons parlé dans le chapitre précédent ; laquelle déclaration ouvrit la voie à toutes les dérives et à

93 J. LACROIX, *Le sens de l'athéisme contemporain,* Casterman, Paris 1958, p. 10.

toutes sortes d'interprétations. Cette tendance a évolué sous des proportions non négligeables. On en était venu à une société qui rejetait toute idée de Dieu et « beaucoup avaient prédit comme inéluctable la disparition des religions, ou proclamé sous une forme ou une autre la mort effective de Dieu »[94].

En effet, pour les modernes, Dieu était devenu inutile. L'image moyenâgeuse d'un Dieu tout Puissant de qui tout dépendait et à qui il fallait tout demander, cette image qui s'était imposée au fil des siècles, était devenue désuète. Sur le plan scientifique et technologique par exemple, depuis la révolution industrielle, le monde avait cessé de paraître comme l'œuvre de Dieu. Il était désormais comme le champ d'action de l'homme qui pouvait le transformer à sa guise. L'homme a désormais conscience de son pouvoir et de son efficacité sur son milieu de vie. Alors il n'attend plus rien de Dieu, car il sait que les progrès viendront de ses propres efforts[95]. On en est même venu à remarquer que :

> « Pendant 2000 ans, les hommes ont prié, et ils ont dû néanmoins gagner à la sueur de leur front, un pain insuffisant. Ils ont prié, et ils ont trouvé quelques fois la famine et souvent la misère. Maintenant, ils ne s'occupent plus de Dieu, mais ils se sont mis au travail, ils détournent le cours des fleuves, irriguant d'immenses terres incultes, et demain le blé poussera avec une telle abondance que les hommes ne connaîtront plus la faim »[96].

Ainsi, l'homme moderne ne compte plus que sur lui-même. Il s'estime suffisamment puissant pour se défaire d'un Dieu longtemps considéré comme un « bouche-trou ». Tout laisse donc à croire que, si l'homme avait jusque-là cru en Dieu, ce n'était qu'à cause de sa faiblesse à lui. Maintenant, alors qu'il acquiert une puissance jamais égalée au sein de la société, par le progrès de la science et de la technologie, il peut éjecter Dieu hors de son horizon de vie. C'est sans doute l'une des raisons qui a aussi donné naissance au mouvement de la sécularisation qui n'est rien d'autre qu'un processus de laïcisation selon les termes de P. Lambert dans un commentaire de *Gaudium et Spes* et qu'il est de sa logique de réclamer l'élimination complète de la religion ou du moins de sa relégation au domaine strictement privé[97]. Ainsi, par tous les moyens, l'homme veut pousser Dieu dehors.

Cependant, en face de cette animosité indescriptible contre le sacré et contre Dieu, et même en face de l'affirmation de F. Nietzsche de la mort de Dieu, il est fort étonnant et paradoxal de constater la multiplication sans précédent, à notre siècle, des sectes religieuses qui se réclament toutes de Dieu. Il est davantage plus étonnant de voir avec quel empressement les gens y accourent et sont prêts même à se ruiner pour ne serait-ce qu'appartenir à tel ou tel regroupement religieux. C'est avec le même paradoxe que P. Valadier relevait que pourtant, au siècle précédent, on annonçait pour ce siècle actuel,

> « [...] le règne de l'athéisme, mais c'est la prolifération des sectes qui est venue. On pensait en avoir fini avec les vieux rêves de l'au-delà, et c'est le cauchemar des croyances les plus folles qui devient obsédant par leurs méfaits bien actuels. On postulait que les hommes se satisferaient d'une existence réconciliée avec elle-même [...] et c'est

94 P. VALADIER, *Un christianisme d'avenir,* Seuil, Paris 1999, p. 17.
95 P. CROZON, *Interrogation sur l'existence humaine*. Editions Ouvrières, Paris 1973, p. 52.
96 *Ibidem*, p. 52-53.
97 P. LAMBERT, *L'Eglise dans le monde de ce temps,* t. II, Commentaires, Cerf, Paris 1997, p. 149.

le choix des suicides collectifs pour rejoindre quelque planète bienheureuse qui fait de temps en temps la une des gazettes. On croyait avoir enfin libéré le champ social et politique des tentatives d'accaparement religieux, et ce sont les fondamentalismes qui prétendent haut et fort imposer en tous domaines leur loi ou celle de leur Dieu »[98].

En face de ce phénomène remarquable, on se pose alors la question de savoir si l'homme a vraiment réussi à mettre Dieu hors de son horizon de vie. À quel prix l'aurait-il fait ? N'est-ce pas plutôt là une prétention du moment née de la puissance que lui a conférée le progrès de ses découvertes et réalisations ? D'autre part, on se demande si l'herméneutique de la déclaration de F. Nietzsche au sujet de la mort de Dieu a été bien faite. Car, toute proportion gardée, à la lumière de l'analyse de ses textes en général, on relève que loin de prendre part à ce déicide idéologique moderne, il combat plutôt l'idée d'un Dieu « fabriqué » à l'image de l'homme. Il « annonçait la mort d'un Dieu trop humain, domestiqué, vidé à tel point [...] que le simple bon goût interdît à un esprit libre [...], d'adhérer à un tel Dieu »[99]. Refuser la croyance en un Dieu pareil ne signifiait pas pour lui que l'athéisme allait triompher. D'ailleurs, il fustige aussi ceux qui, sous couvert d'athéisme, continuent soit à adorer leurs prouesses scientifiques ou soient à s'adorer eux-mêmes.

Au demeurant, on peut relever que la mise entre parenthèses de Dieu n'a pas libéré pour autant l'homme, comme F. Nietzsche le croyait. Bien au contraire, ce qu'on constate, c'est qu'après avoir « tué Dieu », l'homme s'est construit beaucoup d'autres dieux qui l'asservissent et l'aliènent. Et de plus en plus, il pense finalement trouver sa liberté en tournant le dos aux valeurs traditionnelles et en se créant de nouvelles valeurs un peu comme F. Nietzsche l'y invitait, parlant de la transvaluation des valeurs[100]. On en vient alors de nos jours à parler de morale ou d'éthique post-chrétienne.

3.1.2 La question de l'élaboration d'une éthique post-chrétienne

Depuis les Lumières où l'homme a en quelque sorte « arraché » son indépendance par rapport à tous les absolus qui l'« écrasaient » et « limitaient » sa liberté, on a observé plusieurs tentatives d'émancipation par rapport à la morale et à l'éthique. On a estimé que la morale promue jusque-là, était inhibée par la tradition judéo-chrétienne et qu'elle entravait la liberté de l'homme par des interdits, des prohibitions et recommandations ou qu'elle décidait de tout pour lui. Or, la tendance de plus en plus était de se soustraire à l'emprise de cette tradition qui avait pendant longtemps dominé le monde, surtout la civilisation occidentale. Le but de F. Nietzsche en invitant à une transvaluation des valeurs, était de retourner aux valeurs premières qui émanent naturellement de l'homme, c'est-à-dire de ses pulsions et de ses désirs. Car justement les valeurs promues jusque-là étaient le contre-pied de ces valeurs premières. Ces dernières sont pour le philosophe de Sils Maria, celles qui respectent absolument la vie et

98 P. VALADIER, *Un christianisme d'avenir*, Seuil, Paris 1999, p. 17-18.

99 *Ibidem*, p. 18.

100 F. Nietzsche invite en effet l'homme à se défaire des anciennes valeurs, celles-là qui sont issues de la tradition judéo-chrétienne et qu'il qualifie de morale ascétique, construites pour les faibles et les réactifs. L'homme en marche vers le Surhomme doit se construire une nouvelle éthique surhumaine basée sur ses instincts fondamentaux et sur sa volonté de puissance.

par conséquent celles qui doivent être promues. Il les considère comme les valeurs fortes, celles qui conduisent au Surhomme.

Les tables de valeurs nées de la tradition judéo-chrétienne influencée par la métaphysique dualiste des deux mondes recommandaient une morale ascétique selon F. Nietzsche ; une morale qui mutile l'homme et réprime ses désirs ; une morale qui diabolise ses instincts et pulsions naturels. Elle est perçue comme une morale de la culpabilité et de l'interdiction, de l'obligation, du péché, du jugement, de la condamnation. C'est une morale du ressentiment qui s'oppose à ce qu'il appelle morale aristocratique (qui est la morale des forts, basée sur les instincts primaires de l'homme). Il la renvoie à une nature psychologique de la faiblesse humaine qui transforme en vice ce qu'elle ne peut atteindre[101].

> « Qu'est-ce donc que la morale juive ? Qu'est-ce donc que la morale chrétienne ? demande-t-il dans *L'Antéchrist* ; le hasard dépouillé de son innocence, le malheur souillé du nom de péché, le bien-être conçu comme un péril, comme une tentation, le malaise physiologique empoisonné par le ver rongeur de la conscience »[102] finit-il par répondre ?

Ainsi, il appert clairement que pour lui, cette morale judéo-chrétienne devrait être indubitablement renversée et remplacée par une morale immanente, sans « moraline »[103] et davantage en accord avec les instincts humains et la volonté de puissance.

Par ailleurs, les événements de mai 1968 qui se sont déroulés en France ne sont pas restés sans conséquence sur ce désir de renverser la morale d'inspiration judéo-chrétienne. Les slogans de cette période tels qu'« il est interdit d'interdire »[104] ou encore, « vivre sans temps mort, jouir sans entraves »[105] et beaucoup d'autres, en disent long sur cette volonté farouche d'en finir avec cette ancienne tradition de répression et d'interdiction que représenterait la morale judéo-chrétienne aux yeux de certains penseurs contemporains. M. Onfray en particulier entreprend de jeter des bases d'une morale ou d'une éthique post-chrétienne.

Pour lui, comme le prône F. Nietzsche, il estime que l'ère chrétienne a fait son temps. Aujourd'hui, elle est dépassée et il urge de reconsidérer la vie humaine avec un autre regard. Il ne se réfère ni à la théologie ni à la science pour proposer une norme de vie, mais choisit d'autres repères qui lui semblent plus objectifs et plus en harmonie avec ce que l'homme désire. Son principe est formulé comme suite : « ni Dieu, ni la Science, ni le Ciel intelligible, ni l'agencement des propositions mathématiques, ni Thomas d'Aquin ni Auguste Comte ou Marx. Mais la Philosophie, la Raison, l'Utilité, le Pragmatisme, l'Hédonisme individuel et social »[106]. Voilà désormais ce qui constitue pour lui le socle pour fonder une morale

---

101 J. SEBBAN, « La genèse de la morale judéo-chrétienne », *Revu de l'histoire des religions,* n° 1 (2012), mis en ligne le 01 mars 2015, URL : http://journal.openedition.org/rhr/7835 [consulté le 20 mars 2020].

102 F. NIETZSCHE, *L'Antéchrist*, Flammarion, Paris 1994, p. 83.

103 Thème propre et fréquemment utilisé par Nietzsche pour désigner la morale chrétienne.

104 J. YANNE, Aphorisme lancé sur les ondes de RTL, date incertaine entre 1933-2003.

105 Cf. M. KHAYATI, *De la misère en milieu étudiant,* édition A.F.G.E.S., Strasbourg 1966.

106 M. ONFRAY, *Traité d'Athéologie. Physique de la métaphysique,* Grasset, Paris 2005, p. 93.

immanente, dans « le souci des hommes, par eux, pour eux, et non par Dieu, pour Dieu »[107]. Dans ce sens,

> Bien et mal existent non plus parce qu'ils coïncident avec les notions de fidèles ou d'infidèles dans une religion, mais en regard de l'utilité et du bonheur du plus grand nombre possible. Le contrat hédoniste — on ne peut plus immanent — légitime toute intersubjectivité, il conditionne la pensée et l'action, il se passe tout à fait de Dieu, de la religion et des prêtres. Nul besoin de menacer d'un enfer ou de faire miroiter un Paradis, pas utile de mettre sur pied une ontologie de la récompense et de la punition *post mortem* pour inviter à l'action bonne, juste et droite. Une éthique sans obligations ni sanctions transcendantes[108].

L'objectif de M. Onfray est donc de travailler à produire une morale post-chrétienne fondée sur l'utilitarisme, le pragmatisme et une sorte d'hédonisme d'inspiration épicurienne, bref, une morale totalement immanente, dépouillée de toute métaphysique, sans aucun recourt à la transcendance. En d'autres termes, une morale « où le corps cesse d'être une punition, la terre une vallée de larmes, la vie une catastrophe, le plaisir un péché, les femmes une malédiction, l'intelligence une présomption, la volupté une damnation »[109]. Néanmoins, une lourde question se pose. Le dépassement de la morale dont parle F. Nietzsche devrait conduire à créer le Surhomme, c'est-à-dire un type d'homme fort, incarnant toutes les valeurs supérieures, capables de création et de don et capable de supporter l'éternel retour du même. Loin de réaliser ce but, toutes ces tentatives, de créer de nouvelles valeurs ont ouvert la porte à toutes les dérives que l'humanité n'a jamais connue ni vue dans presque tous les domaines de la vie humaine. Les questions les plus sérieuses se posent notamment avec cette nouvelle révolution sexuelle d'une part et en bioéthique d'autre part. L'une d'entre elles n'est d'ailleurs pas cette compréhension de l'idée du Surhomme qui va jusqu'à la création du post-humain aujourd'hui ?

3.1.3 Le dépassement de l'homme : le post-humain du transhumanisme ?

La réalisation du Surhomme initié par F. Nietzsche donne aujourd'hui libre cours au génie de l'homme. On assiste à ce sujet, à la naissance d'un nouveau courant de pensée qui promeut un type d'homme nouveau dans le but d'accomplir le Surhomme. Il s'agit notamment du transhumanisme qui veut inventer le post-humain. Il s'entend comme un courant scientifique et philosophique qui soutient la transformation de la nature humaine par la technologie. Il veut rendre possible la création d'un homme puissant qui ne sera plus soumis ni aux frasques du vieillissement ni à ceux de la mort et qui sera doté de grandes capacités intellectuelles et physiques supérieures : un post-humain.

Pour ce faire, le transhumanisme revendique donc l'utilisation des techniques de la biotechnologie et de la science pour aller vers le post-humain, c'est-à-dire, soit vers une entité numérisée qu'on pourrait télécharger sur un support de silicium, soit vers une entité organique à base de carbone, comme nous, mais transformée par manipulations génétiques[110]. F.

107 *Ibidem*, p. 93.
108 *Ibidem*, p. 94.
109 *Ibidem*, p. 98.
110 S. SORGNER, « Posthumain, transhumain », in *Philosophie magazine*, n°26 (2015), p. 134.

Nietzsche n'avait évidemment pas cela en tête quand il imaginait le Surhomme. Mais on peut relever que son anthropologie du dépassement de l'homme et son ontologie, basée sur la volonté de puissance, sont tout à fait en phase avec la pensée transhumaniste. Ainsi, F. Nietzsche appelait de ses vœux le développement des hommes en hommes supérieurs, puis en Surhommes et le transhumanisme poursuit un objectif semblable : celui de créer un type d'homme nouveau, supérieur à l'ancien. Ce but commun permet de relever un point de convergence des idées du philosophe au marteau avec ce nouveau courant qu'est le transhumanisme.

Cependant, on peut relever une différence capitale entre le Surhomme promu par F. Nietzsche et le post-humain. De fait, en invitant l'homme à réaliser en lui le Surhomme, F. Nietzsche l'entrevoyait par l'éducation et la culture. Mais il ne se référait pas à des retouches mélioratives dans le génome humain. Lui, il voulait parvenir au Surhomme par des mesures éducatives, alors que les transhumanistes envisagent plutôt des manipulations génétiques provoquant directement des changements biologiques en l'homme. Mais cela, sans en considérer les aspects éthiques.

En effet, lorsqu'on analyse la thèse du Surhomme de F. Nietzsche, on y voit la volonté d'élever le type « homme » de provoquer en lui un dépassement de lui-même, et de le rendre fort, non seulement d'une force physique, mais aussi et surtout d'une force d'action, une force de caractère, de création, de volonté et de don. Il veut l'élever au-dessus de la masse lui donner un esprit noble afin qu'il élève l'humanité, car pour lui, comme le relève G. Simmel,

> « tout progrès de l'humanité est porté à chaque instant par ses représentants les plus nobles : les natures fortes et droites, distinguées et victorieuses sont les pionnières qui conduisent l'humanité d'un degré donné vers le degré supérieur »[111].

Ainsi pour faire du type « homme » cet être noble, il faut cultiver en lui la force, la beauté, la volonté de puissance. Se servir des moyens technologiques pour atteindre ce but, voilà qui pose plus d'une question. Peut-on décider de modifier une personne en prétendant l'améliorer ? Qui donc doit décider des vertus ou des valeurs à améliorer chez un être humain réduit en sujet d'expérience ? Quelle appréciation une « amélioration morale » par l'intermédiaire des modifications génétiques ou neurologiques devrait-elle recevoir ?

Pour tenter de se défendre de ces différentes questions et de beaucoup d'autres, certains penseurs avancent, en s'appuyant sur des recherches biologiques, que la modification d'un gène et l'éducation sont des processus *structurellement* analogues. Ils soutiennent en l'occurrence que « le stress, l'éducation, les médicaments ou les régimes alimentaires sont susceptibles de provoquer l'activation ou la mise en sommeil des gènes ou encore l'altération des structures cellulaires »[112]. Toutefois, on ne peut nier les problèmes éthiques que pose le transhumanisme dans sa volonté de réaliser le post-humain dans le même ordre d'idée que la thèse du Surhomme qu'enseignait F. Nietzsche. Ainsi, on peut convenir en somme que, si le transhumanisme a une parenté étroite avec le Surhomme nietzschéen, en ceci qu'ils visent

111 G. SIMMEL, *Pour comprendre Nietzsche*, Cerf, Paris 2006, p. 86-90.
112 Cf. S. SORGNER, « Posthumain, transhumain », in *Philosophie magazine*, n°26 (2015), p. 134.

tous deux l'amélioration du type « homme », il diffère de la pensée de Zarathoustra en ceci qu'il emploie des moyens différents pour réaliser ce Surhomme. On ne peut donc pas assimiler aveuglément la théorie du Surhomme au post-humain du transhumanisme et prétendre être dans la pensée de F. Nietzsche. On pourrait à la limite suggérer l'idée d'une évolution de la pensée du philosophe de Sils-Maria au moins pour ce qui concerne la doctrine du Surhomme. Mais abordant un autre pan de sa philosophie, que pouvons-nous dire sûr de sa critique du christianisme ?

3.2 F. NIETZSCHE DÉTRACTEUR DU CHRISTIANISME : FORCES ET FAIBLESSES DE SES ARGUMENTS

Ainsi parlait Zarathoustra s'en prend aussi au christianisme à divers niveaux. Mais c'est surtout dans *l'Antéchrist*, un autre ouvrage de l'auteur qu'est développée cette entreprise qui revêt une importance notoire dans la pensée de F. Nietzsche. Nous appuyant sur cet ouvrage, nous aborderons sa critique du christianisme principalement en trois points. Il s'agira de relever d'abord ce que le philosophe au marteau y fustige et ensuite, sans nier totalement la pertinence de ses arguments, nous verrons dans quelle mesure sa relation avec le christianisme comporte des limites qui pourraient fragiliser son raisonnement.

3.2.1 F. Nietzsche et le christianisme dans l'*Antéchrist*

Il est important de relever que dans l'*Antéchrist*, F. Nietzsche s'attaque au christianisme sous différents angles. Nous les résumons en trois points principaux. Il accuse avant tout le christianisme d'avoir « construit l'Église avec l'antithèse de l'Évangile [...] »[113]. Ainsi pour lui, après la mort du Christ, toute l'œuvre de ses disciples, ne fut que trahison, une distorsion même de ce qu'incarnait Jésus : « la communauté primitive [...] se créa son Dieu selon ses besoins, comme aussi elle lui mit sans hésiter dans la bouche des notions totalement antiévangéliques »[114] dira-t-il. Il s'en prend notamment à l'œuvre « évangélisatrice » de Paul de Tarse qu'il stigmatise comme une dysangélisation. C'est ce qu'il dit quand il pense qu'« à la bonne nouvelle, succéda immédiatement la pire de toutes ; celle de Paul »[115]. Il trouve même que « *Deus quem Paulus creavit, dei negatio* : le dieu que Paul a créé est la négation de Dieu »[116]. C'est pourquoi pour F. Nietzsche en fait, il n'y a jamais eu de chrétiens ou plus précisément « il n'y a jamais eu qu'un seul chrétien authentique et celui-là est mort sur la Croix »[117]. Il condamne donc le christianisme de s'être éloigné de l'Évangile et par ricochet de s'être fourvoyé, au point de se confondre dans des doctrines et discours illusoires. Et c'est là son deuxième chef d'accusation. Car pour le philosophe au marteau, la doctrine chrétienne n'est rien d'autre qu'un commerce d'illusion et d'irréalisme.

113 F. NIETZSCHE, *L'Antéchrist*, Flammarion, Paris 1994, p. 87.

114 *Ibidem*, p. 81.

115 *Ibidem*, p. 91.

116 *Ibidem*, p. 90.

117 F. NIETZSCHE, *L'Antéchrist*, Flammarion, Paris 1994, p. 91.

Le christianisme pour lui ne repose essentiellement que sur des illusions. Il va même jusqu'à soutenir que « dans le christianisme ni la morale ni la religion n'ont un quelconque point commun avec la réalité. Rien que des causes imaginaires [...] un commerce entre des êtres imaginaires ; [...] cet univers de pure fiction [...] est l'expression d'un profond malaise devant le réel »[118]. Ainsi c'est la peur du réel qui justifie cette attitude du christianisme. « Nous avons reconnu dans la haine instinctive contre toute réalité l'élément moteur [...] du christianisme »[119], s'exclame-t-il. En conséquence, le christianisme ne serait fondé que sur du mensonge, et ses doctrines ne seraient que pure falsification de la réalité. Mais le pire pour F. Nietzsche, c'est que le christianisme s'en prend aussi à la vie. Et c'est ce qu'il ne lui pardonne pas.

Ici, commençons par rappeler la place combien fondamentale du concept de « vie » dans le système philosophique de F. Nietzsche et combien sa philosophie ambitionne d'honorer et de promouvoir la vie ! Parallèlement, relevons la hargne avec laquelle il s'attaque à tout ce qui absorbe ou étouffe cette vie en l'homme en l'occurrence les valeurs en général, et celles du christianisme en particulier. Selon lui, toutes les valeurs chrétiennes, dans leur élaboration, et plus encore dans leur expression et application, ne sont que des moyens pour les prêtres de dominer leurs semblables. Rien, en cette morale, ne favoriserait l'épanouissement de la vie en l'homme, la promotion de ses instincts les plus vitaux, l'accroissement de sa volonté de puissance, bref, l'avènement du Surhomme : « il ne faut pas enjoliver et attifer le christianisme : il a livré une guerre à mort contre ce type supérieur d'homme, il a excommunié tous les instincts fondamentaux »[120] dira-t-il.

En outre, il accuse le christianisme d'avoir enfermé l'humanité dans les ténèbres du mensonge, de la fausseté, de l'irréalisme et des illusions, d'avoir nié fondamentalement en l'homme ce qui fait sa joie de vivre, sa raison d'être. Ainsi, pour lui « [...] ce qui est chrétien, c'est la haine contre les sens, contre les joies des sens, contre la joie tout court »[121] finit-il par conclure. En clair, le christianisme empêche l'homme de s'épanouir, il tue en lui la vie, il nie en lui les réalités de son humanité : c'est fondamentalement cela son attitude de « contre-vérité ». Et comme pour lui, le christianisme nuit à la vie, il est par la même occasion nuisance à la vérité. Ainsi pourrait même se libeller l'essentiel de sa thèse, dont nous analyserons à présent la pertinence.

3.2.2 Une position trop aprioriste du christianisme

Ici, nous voudrions commencer par évoquer une certaine posture arbitraire et trop étroite avec laquelle F. Nietzsche aborde les doctrines chrétiennes. En réalité, au-delà même de la prétention à l'objectivité dont se veut garante la critique nietzschéenne, nous réalisons bien qu'à plusieurs moments de son discours, ce n'est point sans quelque préjugé qu'il attaque l'héritage du christianisme. Et de fait, en le lisant, on a même parfois l'impression que c'est en

118 L'*Antéchrist*, Flammarion, Paris 1994, p. 58-59.
119 *Ibidem*, p. 89.
120 *Ibidem*, p. 63.
121 *Ibidem*, p. 65-66.

chrétien révolté, en ennemi viscéralement obtus de toute forme de christianisme et en condamnateur convaincu qu'il s'exprime. C'est déjà ce que confirment les multiples sarcasmes et persiflages, ainsi que le quasi injurieux champ lexico-sémantique dont il use en indexant les doctrines, prêtres, théologiens et fidèles de la religion chrétienne : idiotie, maladie, haine, bêtise, faiblesse, araignée venimeuse, poison, décadence, guerre, valeurs barbares, conjuration, niaiserie, etc. En clair, il n'éprouve que du mépris à l'endroit du christianisme.

Mais à la vérité, le vrai problème de F. Nietzsche est qu'il réduit toute l'histoire du christianisme à deux périodes seulement : celle de l'Église primitive et celle du protestantisme primitif. Et au fond, ses analyses semblent avoir enjambé près de seize siècles d'histoire de l'Église dont il ne parle pas. Aussi, F. Nietzsche nous semble-t-il, ne fonde ses critiques que sur ses plus tristes expériences du christianisme. Plus concrètement, s'il nous était donné de résumer et de relire autrement ses imprécations vis-à-vis des chrétiens, notamment à l'endroit de Paul, de Pascal qu'il considère comme une victime du christianisme et de Luther — les seules figures que F. Nietzsche croit le mieux connaître — nous dirions qu'il les accuse d'avoir transformé mort et croix, de vils objets de scandale, en source de salut et de rédemption. En fait, c'est aussi cela la vérité que le christianisme brandit et que F. Nietzsche, au profit d'autre religion tel le bouddhisme, contredit farouchement. D'ailleurs, il est une des plus favorites habitudes de F. Nietzsche : c'est celle de tout contredire. Et c'est là qu'assurément, nous situons sa plus grave méprise vis-à-vis du christianisme qu'il ne manque d'aborder sous un regard un peu trop nihiliste.

3.2.3 Une approche nihiliste du christianisme

S'il est une doctrine pour laquelle le nom et la philosophie de F. Nietzsche ont acquis dans l'histoire une notoriété certaine, c'est aussi son nihilisme nous l'abordions plus haut. En effet, il demeure quasi-irréfutable qu'à aucun moment, il ne s'est donné la peine d'entrer en franche discussion avec les valeurs et les « vérités » chrétiennes, quitte à en peser le pour et le contre. De fait, avant même de les aborder, F. Nietzsche était déjà convaincu de les avoir niées. En conséquence, toutes ses réflexions n'ont abouti qu'à un rejet systématique de toute valeur morale, qui plus est, chrétiennes. À travers les discours de Zarathoustra et à peine l'on finit de parcourir *L'Antéchrist*, que l'on a déjà du mal à entériner qu'il pourrait bien s'agir d'une critique, car à l'issue de toute critique sérieuse, l'on devrait être en mesure de relever aussi bien des aspects positifs que négatifs du sujet de ladite critique. Or tel n'est pas le cas avec F. Nietzsche. Son véritable problème à notre avis, est carrément celui du déni de toute valeur, de toute tradition et de toute vérité préexistante. Et pourtant, en soi, c'est un point de vue qui nous semble très peu pertinent, et pour cause.

F. Nietzsche ridiculise la foi chrétienne comme s'il n'avait jamais ressenti le besoin de donner sa confiance à quelqu'un ; il stigmatise l'amour fraternel prôné par le christianisme comme s'il n'avait jamais été aimé, oubliant qu'« une morale d'universel amour n'a pas nécessairement le caractère (…) d'opposition à la vie »[122] ; il condamne l'espérance chrétienne comme s'il ne lui était jamais arrivé de se coucher un soir, rempli d'espoir qu'un lendemain meilleur l'attendrait. Il se moque royalement de la métaphysique chrétienne, comme si la croyance en la venue du Surhomme et au retour éternel, ne s'imposait pas plus que n'importe quelle conception métaphysique. Bien au contraire, « elle appartient, elle aussi, au domaine de l'invérifiable »[123]. Que dire donc ? Sinon qu'en fin de compte, que le nihilisme ne saurait servir comme critère d'appréciation du christianisme. Toutefois, est-ce à dire que sa préoccupation n'en était pas légitime ? Comment alors aujourd'hui vivre et penser sans pour autant balayer du revers de la main son entreprise philosophique ?

3.3 COMMENT PENSER ET VIVRE APRÈS LE PHÉNOMÈNE F NIETZSCHE ?

L'irruption de F. Nietzsche dans l'histoire de la philosophie ne laisse pas celle-ci indifférente. Bien au contraire, son passage à bousculé bien de chose à telle enseigne qu'on peut se permettre de dire avec B. Welte que : « quelque chose s'est modifié en nous depuis F. Nietzsche, et nous ne pouvons plus nous situer, comme s'il n'avait jamais été »[124]. Ainsi, après son passage, eu égard à la déconstruction qu'ont connue la plupart de nos convictions les plus élémentaires, comment penser aujourd'hui en partant de lui sans pour autant verser dans son radicalisme ? Telle est la question que nous abordons dans ce dernier point sur trois plans différents, mais complémentaires. Nous parlerons ainsi en premier de la question de Dieu une fois encore, ensuite des valeurs et enfin des perspectives que nous offre sa pensée à notre époque contemporaine.

3.3.1 Penser Dieu après F. Nietzsche : la thèse de P. HOUNTONDJI

La question de Dieu ou plutôt d'une certaine idée de Dieu, dans la philosophie de F. Nietzsche semble tranchée. C'est d'ailleurs l'un des aspects de sa pensée qui apparemment, est on ne peut plus clair. La foi en l'existence de Dieu remarque-t-il se résume à une supposition fallacieuse qui entrave la marche de l'homme vers le Surhomme. « Dieu n'est qu'une conjecture, répète-t-il sans cesse […] une pensée qui tord tout ce qui est droit et fait tournoyer ce qui est ferme »[125]. C'est pourquoi il n'hésite pas à affirmer que Dieu était « le plus grand danger »[126] de l'homme et par conséquent il devait mourir pour que l'homme vive. Par ailleurs, Dieu n'est pas seulement l'illusion qui détourne de ce monde et de la réalité ; admettre son existence, c'est rivaliser avec le génie créateur de l'homme qui, selon F. Nietzsche, est infiniment au-dessus de cette illusion. Conséquemment, l'existence de Dieu ne peut être tolérée par le créateur [l'homme] qui aurait pu être lui aussi un Dieu si tant est que Dieu existait : « s'il y avait des dieux, comment supporterais-je de n'être pas Dieu ? Donc il n'y a pas de Dieu »[127] conclura-t-il. La question de l'existence de Dieu chez F. Nietzsche,

122 F. CHALLAYE, *Nietzsche. Les philosophes*, Éditions Mellotée, Paris 1950, p. 230.

123 *Ibidem*, p. 231.

124 B. WELTE, *L'athéisme et le christianisme de Nietzsche*, Wissenschaft Buchgesellschaft, Darmstadt (Allemagne) 1958, s. 10.

125 F. Nietzsche, *Ainsi parlait Zarathoustra*, Flammarion, Paris 2006, p. 128.

126 *Ibidem*, p. 345.

127 *Ibidem*, p. 129.

comme chez la plupart de certains athées, est donc finalement une question de l'existence de l'homme. Car en somme, l'existence de Dieu priverait l'homme de sa liberté et de sa capacité à aller au-delà de ces limites. C'est aussi sans doute pourquoi pour enseigner le Surhomme il a dû consacrer la mort de Dieu.

Ainsi, si la tendance dominante de la pensée de F. Nietzsche est de parvenir sans Dieu, à l'élévation suprême de l'homme à la réalité même, il apparaît chez lui de façon d'autant plus décisive, sans qu'il l'ait voulu ou su, que l'homme ne peut pas s'accomplir dans sa finitude sans transcendance. Et dans la pensée de F. Nietzsche, on remarque une certaine substitution de cette transcendance. Lorsqu'il renie Dieu, quelque chose d'autre prend sa place. Quand il parle de la volonté de puissance qui traverse tous les êtres, quand il parle de l'éternel retour, du perpétuel changement des êtres ou même du Surhomme, ce sont des idées que F. Nietzsche sans le savoir a divinisées. On peut comprendre ce retournement de choses quand on sait qu'il refuse toute métaphysique et par ce fait rejette aussi l'idée de transcendance qu'il finit cependant par admettre sous une autre forme. Par exemple, le Surhomme devient l'idéal d'une élévation que l'homme doit réaliser. Il refuse donc la transcendance et la remplace par l'immanence. Il ramène tout à la terre, n'est-ce pas d'ailleurs la seule réalité qui mérite notre attention ? Ainsi, on peut relever combien F. Nietzsche refuse toute abstraction et ramène l'homme à la réalité de son existence. Ce qui compte pour lui désormais ce ne sont plus les idées issues des arrières-mondes, mais la réalité et rien d'autre. Il nous invite à prendre conscience de notre vie et à la rendre meilleure aujourd'hui et maintenant par notre volonté de création. Dans une telle vision, doit-on conclure que Dieu est impossible comme le philosophe au marteau le proclame ?

On le sait désormais, ce que F. Nietzsche refuse c'est l'idée d'un Dieu qui décentre l'homme de la terre et de lui-même, fixant son attention dans les nuées célestes et lui miroitant un ailleurs plus merveilleux que cette vie qu'il mène sur terre. L'idée d'un tel Dieu dessaisit l'homme de sa vie et nourrit en lui le désir d'une vie meilleure qu'il doit mériter par des efforts astreignants et la pratique d'une vie ascétique. En d'autres termes, l'homme se prive de cette vie terrestre dans l'espoir de mériter par ses maigres efforts une autre vie à venir. Cette théorie la plupart des religions la tiennent pour principe fondamental en l'occurrence les grandes religions révélées, dont le christianisme auquel F. Nietzsche n'a pas manqué de s'en prendre violemment. À sa suite, nous pensons pour notre part que ces grandes religions révélées ont tôt fait de se construire un Dieu à l'image de l'homme, selon leurs conditions de vie, leurs aspirations, leurs désirs cachés un peu comme le démontrait L. Feuerbach[128].

De même, on a tôt fait de s'imaginer un paradis ou un enfer qui désormais guide l'action humaine. La promesse d'un futur paradis ou la crainte d'un châtiment dernier dans les flammes de l'enfer serait la motivation pour bien se conduire. Ainsi, l'homme vivrait dans la peur et ses actions seraient guidées par cette ultime crainte des flammes de l'enfer. Ce qui reviendrait à dire finalement que l'homme ne peut être véritablement libre dans ses actions. Ses actions seraient donc d'une certaine manière guidées soit par la peur ou bien soit par

128 Cf. L. FEUERBACH, *L'essence du Christianisme*, Gallimard, Paris 1968.

l'idée d'une récompense. La morale ne peut-elle pas se soutenir sans chercher un point ni dans le ciel ni sur la terre ?

Loin de proclamer la mort de Dieu pour que l'homme vive, il est aujourd'hui indispensable que meure une certaine idée de Dieu qui ne favorise pas l'épanouissement de l'homme. À ce sujet, il ne nous coûte pas de dire que la plupart des religions ont à revoir leur théologie ou bien certains de leurs dogmes pour vraiment être ce qu'elles prétendent : un canal pour que l'homme s'accomplisse réellement dans la communion avec la Transcendance. Dans ce sens, on ne peut ne pas évoquer P. HOUNTONDJI qui parle de « moraliser Dieu »[129]. Il part notamment du célèbre mot d'ordre de Husserl quand il recommande le « Zurück zu den Sachen selbst ! – Retour aux choses mêmes ». Par cette invitation, le père de la phénoménologie invitait chacun à faire directement son expérience des choses en dehors de tout discours philosophiques ou même théologiques. Dans ce même, Hountondji parle d'un retour à l'humain ! Et cela Nietzsche l'a dit quand il exhortait l'homme à travers la voix de Zarathoustra à revenir vers le « sens de la terre ». De la même façon, le philosophe béninois lance un appel pour l'on revienne à l'humain. Car selon lui, « le langage religieux ne dédouane personne » il est plutôt « un écran de fumé qu'il faut parfois savoir percer pour apprécier à leur juste valeur les actes réels des uns et des autres »[130]. Il y a tellement de voix qui proclament un Dieu de nos jours qu'on peut relever autant de Dieu que de différence d'opinion religieuse. Pour ne pas perdre la boussole, nous pensons comme le dirait Hountondji qu'il est aujourd'hui plus que jamais urgent que certains Dieux soient « recyclés, repensés, recrées, réajustés et mis en conformité avec la morale humaine »[131].

Dans sa thèse, Hountondji n'a point manqué de relever combien la bataille pour défendre Dieu a conduit l'homme dans les pire horreurs possibles. L'homme est devenu le gardien de Dieu. On se demande bien de quel Dieu ? Pour faire court, l'homme doit plutôt recentrer le débat sur lui-même et penser à « économiser Dieu ». En d'autres termes, « les êtres humains gagneraient, [...] à parler de Dieu le moins possible et à minimiser, dans leur échanges et discussions, le paramètre religieux »[132]. Hountondji parvient à une conclusion on ne peut plus salutaire :

> « En somme, on a intérêt à laïciser l 'éthique. Il faut mettre en cause nos pratiques religieuses, confronter nos idées de Dieu avec les exigences de la morale élémentaire, c 'est-à-dire, d'une certaine manière, moraliser Dieu. Au-delà de nos religions particulières, au-delà des rites et des croyances qu 'elles induisent, il faut pouvoir écouter « la voix de la conscience » et établir, sur cette base, des normes et des valeurs acceptables pour tous, quelque chose comme un Décalogue laïc qui mette tout le monde d'accord. À ce prix seulement nous remettrons à leur place les théocraties diverses, les charias de tout genre, les normes inspirées de religions particulières, qu 'on prétend ériger en absolu »[133].

---

129 P. HOUNTONDJI, Moraliser Dieu ? Le retour à l'humain, condition de la paix mondiale, *in « Diogène »*, Puf, 2018/3 n°263-264, p. 97-104.
130 *Ibidem*, p. 99.
131 *Ibidem, p. 97.*
132 Ibidem, p. 100.
133Ibidem, p. 102.

Ainsi, ce qui plus que tout devraient donc compter et permettre à l'humain de s'élever dignement n'est rien d'autre que la culture des valeurs qui promeuvent la vie.

3.3.2 Des valeurs qui promeuvent la vie

Si l'on peut qualifier la philosophie de F. Nietzsche comme une philosophie de la mort de Dieu, on peut surtout reconnaître que c'est une philosophie qui se veut au service de la vie[134] de l'homme, c'est une *biosophie*[135], nous le disions plus haut. Ainsi, l'une de ses luttes est de travailler à promouvoir la vie. C'est d'ailleurs le dépassement qu'il a opéré du pessimisme schopenhauerien. C'est aussi pourquoi il s'en prend au christianisme lui reprochant d'enseigner des contre-valeurs, celles qui ne favorisent pas l'épanouissement de l'homme, celles qui étouffent en lui la vie ; laquelle vie doit être comprise dans son acception organique, avec toutes ses implications sensuelles. Cette vie pour F. Nietzsche n'est pas au-delà de l'existence spatio-temporelle de l'homme ici et maintenant. Elle est expérience sensible et jouissance des sens. Ainsi, tout ce qui va à l'encontre de la jouissance des sens doit être écarté et considéré comme contre-valeur.

Il est clair donc que pour F. Nietzsche, parler de valeurs promouvant la vie, c'est parler de tout ce qui peut permettre à l'homme de jouir de la vie sans restriction, une jouissance exubérante. La sensualité de l'homme, ses instincts les plus primaires, ses émotions les plus élémentaires ainsi que ses affects toniques apparaissent comme les seuls critères crédibles d'un bonheur certain. C'est dans cette logique qu'il fait aussi allusion à Dionysos qui représente l'instinct primitif, l'ivresse dans laquelle s'expriment les forces naturelles et primaires. Une telle conception des valeurs se rapproche d'une vie hédoniste où seul le plaisir est le souverain bien. F. Nietzsche serait-il donc hédoniste ? Son œuvre ne nous permet pas de l'affirmer ouvertement, mais on peut toutefois reconnaître des ressemblances entre sa doctrine de la jouissance et les théories hédonistes. Ce qui nous importe particulièrement est de relever que la conception de la vie de F. Nietzsche influence ce qu'il conçoit par valeur. En effet pour lui, rien ne devrait fixer de barrière à l'homme dans l'assouvissement de ses instincts fondamentaux. Or, nous le savons aujourd'hui, l'homme ne peut plus se conduire uniquement suivant les seules règles de ses instincts naturels : agressivité, violence, désir de domination, libido incontrôlée. Il faut les humaniser, car l'instinct rabaisse l'homme au rang de l'animal. Malheureusement, de plus en plus cette tendance se propage et beaucoup aujourd'hui, sous couvert d'une certaine liberté donnent libre cours à leur instinct les plus primaires croyant s'y accomplir.

S'il faut donc parler de valeurs qui promeuvent la vie sans pour autant balayer du revers de la main le désir de F. Nietzsche de faire respecter la vie et la liberté de l'homme, nous ferons recourt aux simples valeurs humaines, celles qui aident l'homme à demeurer dans son humanité. On peut citer entre autres, l'empathie, l'amitié et l'amour. Elles véhiculent en effet un élan positif qui favorise une cohabitation harmonieuse condition *sine qua non* d'une vie épanouie. La réelle question sera de savoir si ces valeurs peuvent conduire au Surhomme

134 Cf. G.-S. GAINSI, *De l'homme à Dieu,* t.1, Harmattan, Paris 2019, p. 36.
135 Cf. R. VERNEAUX, *Histoire de la philosophie contemporaine*, Beauchesne, Paris 1989, p. 41.

nietzschéen. C'est là que nous répondons que le Surhomme que promeut F. Nietzsche est une figure d'homme à laquelle nous n'adhérons pas totalement. Le Surhomme comme modèle de noblesse, de force d'âme, de caractère, de volonté de puissance, de création et modèle de générosité séduit sans doute. Mais le Surhomme qui doit s'élever au-dessus de la masse aux dépens de faibles, des petits, des pauvres, le Surhomme impitoyable, *in*-compatissant, ce type de Surhomme-là ne peut être promu. C'est dans ce sens que nous pensons que chaque homme devrait réaliser en lui le Surhomme, mais nous proposons le premier type de Surhomme. Celui-là peut édifier l'humanité entière et l'élever. Ainsi, le passage de Zarathoustra parmi les hommes aura été un grand bien pour l'humanité. Ceci étant à quelles perspectives nous ouvre la philosophie de celui dont l'œuvre nous a tenus en haleine ?

3.3.3 Quelles perspectives philosophiques, morales et religieuses pour l'homme du XXIe siècle ?

Nous voudrions particulièrement relever ici ce qui nous est resté de l'analyse de la philosophie de F. Nietzsche en partant de *Ainsi parlait Zarathoustra.* Ainsi au plan philosophique, l'entreprise de F. Nietzsche nous apparaît comme celui d'un philosophe honnête humainement parlant. En effet, il met l'accent sur ce qui est profond en chaque homme. Nous n'en voulons pour preuve que le désir secret de toujours vouloir se surpasser tapi en chaque homme. Tout le monde secrètement veut aller au-delà de ses limites, toujours faire plus. En ce désir secret réside aussi celui de dominer les autres comme le voyait B. Pascal. C'est la volonté secrète de puissance qu'il y a en tout homme. Cela est obvie à notre siècle où des individus qui veulent soumettre la masse à leur volonté et sous leur pouvoir ne manquent pas ; notre siècle où il n'est pas rare de trouver une poignée d'hommes qui veulent soumettre tout un peuple. Sauf que nous oublions que la volonté de puissance est aussi source de créativité, de plénitude de vie, de générosité et implique également l'authenticité.

D'autre part, F. Nietzsche nous livre une philosophie de la joie, de la plénitude de la vie d'où son point commun avec Spinoza que nous relevions plus haut. Avec lui, on découvre la vie et le monde comme joie et rire. Car pour lui, la vie est une source de plaisir, mais seulement pour qui sait la vivre. Et le Surhomme est quelqu'un qui sait rire. Mais ce qu'on peut surtout dire de lui est qu'il a été prophète de l'époque que nous vivons. Sa philosophie, comme le relèvera J. Russ[136] a su toucher du doigt la crise de la modernité dès sa naissance. Cette crise semble être accomplie avec la postmodernité où l'homme avec la technologie met fin à son avenir pour celui de la machine.

Au plan moral, l'étude de la pensée de F. Nietzsche nous permet de déceler une morale individualiste. En effet, le Surhomme c'est celui qui se fixe sa propre morale. Et qui sait vivre par-delà le bien et le mal, et par-delà toutes limites. Est bien pour lui ce que veut sa volonté de puissance. Or nous pensons que si l'homme veut vivre humainement, cette morale ne pourrait en aucun cas lui servir de repère. Bien au contraire, elle le perd. Nous n'en voulons pour preuve que les dérives enregistrées de plus en plus à l'échelle mondiale de la décrépitude des valeurs humaines et des relations interhumaines. L'homme à notre siècle semble s'être transformé en bête sauvage. Il n'y a qu'à considérer la cruauté accrue que les uns manifestent

136 Cf. J. Russ, *La marche des idées contemporaines. Un panorama de la modernité,* Armand Colin, Paris 1994.

envers les autres. Les ruses politiques et économiques qui caractérisent de plus en plus les échanges et les relations entre hommes. Cette volonté secrète de domination et d'extermination qui de plus en plus n'est plus cachée. Et nous n'abordons pas les dérives causées par l'appétit libidinal *im*-maitrisé des chercheurs d'émotions et de sensations fortes. En clair, la morale du Surhomme achèvera de détruire l'humanité si elle n'est pas retravaillée dans le sens de la préservation de l'humanité tout entière. Ce que nous suggérons, c'est que l'homme réalise le Surhomme tout en veillant à rester ferme dans son humanité[137].

La pensée de F. Nietzsche a aussi des retombées sur la religion. À ce sujet la mort de Dieu nous l'aurons relevé, ne nous apparaît pas d'abord comme un cri d'alarme athée, encore moins comme une critique, mais un appel lancé à tout croyant en général et au chrétien en particulier. De fait, F. Nietzsche veut insister sur l'immanence totale de Dieu d'où son allusion par endroit à Apollon et Dionysos. Il est vrai qu'à ce niveau nous émettons des réserves, mais nous invitons tout comme lui, à une spiritualité ou mieux encore, à une pratique de la religion qui ne prêche pas le ciel comme si la terre n'existait pas. C'est alors seulement que la victoire du Dernier Homme sur le Nihilisme qui est le souhait secret de chaque être vivant : profiter de la vie sera effectif.

CONCLUSION PARTIELLE

L'entreprise de ce troisième chapitre était essentiellement de montrer, après l'étude des grands axes de la philosophie de F. Nietzsche (chapitre 2), combien sa pensée avait largement imprégné notre époque contemporaine. Ainsi nous avons vu que ce qu'il annonçait en son temps est aujourd'hui devenu réalité et même bien plus encore. Nous avons aussi, tout en passant par l'actualisation de sa philosophie, évalué sa pertinence et relevé ses faiblesses. Ce qui nous a permis par ailleurs de voir la pomme de discorde entre le philosophe en question et le christianisme. Et en dernier ressort, on a étudié des possibilités de vivre et de penser après F. Nietzsche, c'est-à-dire en partant de lui, sans le copier.

Au terme, il nous revient de dire que la pensée de F. Nietzsche comporte beaucoup de subtilités qu'il faut analyser avec un regard patient, courageux et prudent comme lui-même le recommandait en ces termes : « quand j'essaie de m'imaginer le portrait d'un lecteur parfait, cela donne toujours un monstre de courage et de curiosité, et en outre quelque chose de souple, de rusé, de prudent, un aventurier et un explorateur né »[138]. C'est alors qu'on peut prétendre en avoir compris quelques bribes.

137 Cf. G.-S. GAINSI, *Charles de Bovelles et son anthropologie philosophique,* Harmattan, Paris 2015.
138 F. NIETZSCHE, *Ecce Homo*, in Œuvres, Flammarion, Paris 1996, p. 1243.

CONCLUSION GÉNÉRALE

Au terme de ce parcourt réflexif, nous pouvons relever, que notre objectif a été d'explorer la pensée de F. Nietzsche en partant de *Ainsi parlait Zarathoustra*, pour mieux la comprendre et voir comment, après avoir décrété la mort de Dieu, il fait advenir le Surhomme. Ainsi, réparti en trois chapitres, notre développement a d'abord présenté les prérequis de la pensée du philosophe allemand. Nous avons montré que son entreprise philosophique avait germé sur un sol arrosé par les idées des Lumières et de quelques penseurs qui implicitement ont fortement marqué son époque et sa pensée. Nous avons entrepris ensuite de pénétrer sa pensée pour en saisir les grands axes et en comprendre le mécanisme. Cette compréhension nous a permis enfin de relever que la société contemporaine actuelle semble plus que jamais réaliser pleinement ce projet de vie que proposait F. Nietzsche : bannir Dieu de l'horizon de la vie humaine, détruire les anciennes tables de valeurs et élaborer une nouvelle table des valeurs qui puisse émanciper l'homme et le conduire au Surhomme par tous les moyens. Mais malheureusement, ce que nous n'avons pas manqué de notifier, cette manière de comprendre le nietzschéisme et d'y adhérer totalement est mortifère. Nous avons donc proposé pour l'homme contemporain, une figure du Surhomme qui sera empreinte des valeurs humaines, dont l'empathie, l'amitié et l'amour. Une figure du Surhomme qui tout en élevant l'homme, élèvera l'humanité entière, tout en la maintenant dans son humanité.

Somme toute, nous pensons que c'est une erreur de croire que Nietzsche appartient au passé. Plus d'un siècle après sa mort, il est toujours un contemporain. Peut-être est-il même, selon l'expression de Gabriel Marcel, « le plus actuel de tous les contemporains »[139]. Il a caractérisé son époque avec la mort de Dieu et la théorie du Surhomme : il s'est même identifié à ces thèmes. Mais la mort de Dieu et la marche de l'homme vers un type d'homme supérieur caractérise aussi notre époque présente. Sa philosophie se révèle donc comme un appel fort à tous les prédicateurs de Dieu et du type de Dieu qu'ils proposent pour la vie de l'homme. Toutefois, il convient de faire la part des choses en prenant F. Nietzsche pour ce qu'il est selon son contexte de vie, son expérience personnelle et en pensant à partir de lui, sans pour autant devenir son disciple. C'est la meilleure manière d'être nietzschéen et c'est ce que lui-même recommande : « je vous ordonne de me perdre et de vous retrouver [...]. C'est depuis que vous m'avez perdu que vous vous êtes retrouvés »[140].

139 Cf. W. SCHUESSLER, « Penser Dieu après Nietzsche à l'exemple de K. Jaspers et P. Tillich », in *Le portique*, n° 8 (2001).
140 F. NIETZSCHE, *Ainsi parlait Zarathoustra,* Flammarion, Paris 2006, p. 114.

BIBLIOGRAPHIE GÉNÉRALE

I. OUVRAGES DE RÉFÉRENCE

- DELEUZE Gilles, *Nietzsche et la Philosophie,* puf, Paris 1970.
- GRANIER Jean, *Nietzsche, Vie et vérité*, puf, Paris 1971.
- ___________, *Nietzsche*, puf, Paris 1982.
- HEIDEGGER Martin, *Nietzsche II*, Gallimard, Paris 1971.
- JASPERS Karl, *Nietzsche, introduction à sa philosophie*, Gallimard, Paris 1950.
- NIETZSCHE Friedrich, *Ainsi parlait Zarathoustra*, Flammarion, Paris 2006.
- _________________, *Œuvres*, Flammarion, Paris 1996.

II. OUVRAGES GÉNÉRAUX

- ACACHA Mahougnon Ariel, De *L'Antéchrist*, F. Nietzsche et le christianisme à l'aune de la question de la « vérité ». Mémoire de fin de cycle de philosophie, mai 2016.
- ANDLER Alfred, *Nietzsche, sa vie et sa pensée*, Besnard, Paris 1920.
- CROZON Pierre, *Interrogation sur l'existence humaine*, Ouvrières, Paris 1973.
- FIOSSI Cubillas, Croire en Dieu dans un monde marqué par la quête de liberté et l'indifférence religieuse. Une réflexion à partir du testament philosophique de Jean Guitton, Mémoire de fin de cycle de philosophie, mai 2016.
- GAINSI Grégoire-Sylvestre M., *De l'homme à Dieu.* t. 1., Harmattan, Paris 2019.
- HEGEL Friedrich, *Philosophie de l'histoire*, Aubier, Paris 1996.
- HOUNTONDJI Paulin, Moraliser Dieu ? Le retour à l'humain, condition de la paix mondiale, Puf, 2018/3 n° 263-264, p. 97 à 104.
- NEUSCH Marcel, *Aux sources de l'athéisme contemporain. Cent ans de débats sur Dieu*, Le Centurion, Paris 1977.
- ONFRAY Michel, *Traité d'Athéologie. Physique de la métaphysique*, Grasset, Paris 2005.
- ____________, *La construction du Surhomme. Contre histoire de la philosophie*, Grasset, Paris 2011.
- PARAIRE Michael, *Comprendre les grands philosophes*, Éditions de l'épervier, Paris 2010.
- PASCAL Blaise, *Pensées*, Havet, Paris 1866.
- PAUL Jean-Marie, *Dieu est mort en Allemagne. Des Lumières à Nietzsche*, Payot et Rivages, Paris 1994.
- RAMEIX Suzanne, *Fondements philosophiques de l'éthique médicale*, Ellipses, Paris 1996.
- RUSS Jacqueline, *La marche des idées contemporaines. Un panorama de la modernité*, Armand Colin, Paris 1994.
- ____________, *Philosophie. Les auteurs et les œuvres*, Bordas, Paris 2003.

- VALENTIN Bernard-Yves, *Nietzsche athée et prophète. Un autre regard sur son rejet du christianisme*, Publibook, Paris 2001.
- VERNEAUX Roger, *Histoire de la philosophie contemporaine,* Beauchesne, Paris 1960.
- VIOULAC Jean, « Nietzsche et Pascal : Le crépuscule nihiliste de la question du divin », in *Les Études philosophiques*, n° 96 (2011).

III. WEBOGRAPHIE

- https://fr.wikipedia.org/w/index.php, *Renversement des valeurs* [consulté le 12 février 2020].
- http://www.danielmartin.eu/Philo/volontepuissance.pdf. Cours de philosophie, mis à jour le 20/01/2018 [consulté le 23 octobre 2019].
- http://journal.openedition.org/rhr/7835. *Revue de l'histoire des religions,* n° 1 (2012), mise en ligne le 1er mars 2015 [consulté le 20 mars 2020].
- http://fr.m.wikipedia.org, *Le Surhomme* [consulté le 22 février 2020].

TABLE DES MATIÈRES

Printed by Books on Demand GmbH, Norderstedt / Germany